Ausdrucksweise verbessern

Anne-Elizabeth Herz

WIE SIE IN 14 TAGEN ANGSTFREI PRÄSENTIEREN, ERFRISCHEND SYMPATHISCH WIRKEN UND KONSEQUENT ÜBERZEUGEN

Inhalt

Einleitung

Sind auch Sie manchmal etwas nervös genau dann, wenn es auf den perfekten Auftritt ankommt? Fühlen Sie sich ab und an überfordert darin, die richtigen Worte zu finden, obwohl Sie eigentlich gar nicht verlegen sind? Liegen Ihre Stärken darin, dass Sie anderen gut zuhören können, während Sie selbst oft um die richtigen Sätze ringen, die Sie im entscheidenden Moment doch nicht finden? Wünschen Sie sich nichts sehnlicher als schlagfertig und witzig zu werden? Fragen über Fragen...

Dieses Buch ist für den gebildeten Leser geschrieben, der auf all diese Fragen und viele mehr die passenden Antworten finden möchte. Egal, ob Sie sich auf ein Bewerbungsgespräch oder auf das erste Date vorbereiten möchten: Mit den zahlreichen Tipps und Tricks in dieser Lektüre können Sie Ihre komplette Ausstrahlung verbessern.

Dieser Ratgeber ist für Menschen in jedem Alter geschrieben, die der Komfortzone entfliehen möchten. Er hilft Jung und Alt dabei, noch erfolgreicher und selbstsicherer zu werden als je zuvor. Mit Hilfe von den Praxistipps werden Sie Ihren gesamten Alltag optimieren. Sie benötigen also keinen teuren Coach, um an Ihrer Persönlichkeit so zu feilen, damit Sie ganz mit sich selbst ins Reine kommen. Nutzen Sie alle Ressourcen, die in Ihnen stecken, damit Sie Ihr komplettes Leben bereichern. Werden Sie durchsetzungsstark, ohne an Menschlichkeit zu verlieren. Verbessern Sie Ihren charismatischen

Ausdruck, indem Sie alle Möglichkeiten nutzen, die in Ihnen stecken und die nur entdeckt werden möchten.

Wie ist dieses Buch entstanden? Dazu plaudere ich jetzt ein klein wenig aus dem Nähkästchen...

Meine beste Freundin Petra Müller, 37 Jahre alt, ist eine Frau und Mutter von 2 kleinen Kindern und plant jetzt nach ihrem Erziehungsurlaub den Wiedereinstieg ins Berufsleben. Sie absolvierte (vor ca. 20 Jahren) eine Ausbildung zur Einzelhandelskauffrau und möchte sich jetzt bei einer Firma bewerben, die ihr noch völlig unbekannt ist und die sich ganz in der Nähe vom Wohnort befindet. Seit ca. 6 Jahren aber hat Petra kaum mehr Erfahrungen darin gesammelt, wie eine vernünftige Kommunikation auf Augenhöhe (in Sachen Job) überhaupt stattfinden soll.

Sie kümmert sich vorwiegend um das Wohl der Familie. Als Petra jetzt, kurz vor dem Vorstellungsgespräch, darüber nachdenkt, wie sie sich gut verkaufen muss, damit sie für die Stelle die Zusage erhält, wird ihr ganz schön mulmig. Sie sagt zu ihrem Ehemann Dieter: „Ich habe schon so lange kein Bewerbungsgespräch mehr geführt. Was soll ich nur sagen, wenn mich der Personalchef in die Enge treiben möchte und wie viele Bewerber gibt es denn auf diesen Teilzeit-Job?

Was ist, wenn es mir aus Nervosität heraus die Sprache verschlägt und ich gar nicht mehr weiß, was ich ursprünglich sagen wollte?“ Dieter sieht in das sorgenvolle Gesicht seiner Frau und sagt: „Sei einfach Du selbst. Du machst das schon richtig und jeder Chef muss glücklich sein, wenn Du für ihn arbeitest." Mit dieser Aussage allerdings ist Petra nicht zufrieden.

Sie meint: „Ich schaue mir jetzt im Internet genau an, wie ich meine Ausstrahlung verbessern kann und was bei einem Vorstellungsgespräch besonders wichtig ist. Außerdem werde ich mich im Vorfeld nun genau darüber informieren, wie ich meine Ausdrucksweise verbessern kann. Ich muss mich ein wenig darin üben, damit ich nicht völlig sprachlos bin, wenn mir komische Fragen gestellt werden. Hilfst Du mir denn ein klein wenig dabei, damit ich mich sinnvoll auf das Gespräch vorbereiten kann?"

„Meinetwegen, wenn Du meinst, dann helfe ich Dir bei der Vorbereitung vor Deinem großen Auftritt, damit Du Dich gut verkaufst. Ich weiß aber nicht, ob ich der Richtige dafür bin. Schließlich bin ich nur ein gewöhnlicher Angestellter und kein Personalchef, der Vorstellungsgespräche führt", entgegnet Dieter.

Gesagt – getan!

Petra und Dieter führen am Abend, als die Kinder im Bett liegen und schlafen, ein paar Rollenspiele durch. Für die beiden ist es zwar zu Beginn recht ungewohnt, bestimmte Kommunikations-Strategien zu testen, nach und nach aber gewinnt das Paar Freude an der Aufgabe. Dieter ist im Laufe der Trainings immer kritischer und stellt Petra zielgerichtet Fragen, die ihr im ersten Moment sehr unangenehm sind.

Ganze 2 Wochen üben die beiden schwierige Sequenzen und Situationen, die bei einem

Bewerbungsgespräch immer einmal vorkommen können. Mit der richtigen Portion an Humor sorgen die „besonderen Übungsabende“ für jede Menge Spaß und gute Laune. Petra fühlt sich kurz vor dem Tag X gut gerüstet und ist natürlich dennoch ein wenig nervös. Mit Bravour aber meistert sie das Vorstellungsgespräch und freut sich ein paar Tage danach über die Zusage per Telefon: „Glückwunsch, Frau Müller. Sie haben den Job und wir freuen uns, wenn wir Ihnen bald den Vertrag zusenden dürfen und Sie unterschreiben!“

Petra ist außer sich vor Freude und ruft sofort Dieter an mit den Worten: „Schatz, ich kann schon in 6 Wochen anfangen und habe den Job. Danke, dass Du so mit mir geübt hast und ich dank Deiner Hilfe das Vorstellungsgespräch gut gemeistert habe. Ohne Dich und Deine Hilfe hätte ich das niemals geschafft.“

„Ach was“, entgegnet der Ehemann und fährt mit den Worten fort: „Wir lernen doch immer und es lohnt sich, wenn man fleißig ist und sich gut vorbereitet. Übung macht den Meister – auch mir hast das Training sehr viel gebracht! Schließlich schadet es nie, sich gut auszudrücken und selbstbewusst zu antworten.“ Gemeinsam wird das besondere Ereignis gefeiert und mit einem Sekt auf den Arbeitsvertrag angestoßen.

Was soll Ihnen diese Geschichte sagen? Natürlich ist es immer eine gute Sache, wenn sich die Menschen auf besondere Termine vorbereiten. Bei einer guten Kommunikation spielt es nicht nur bei Vorstellungsgesprächen oder Meetings im daily business eine große Rolle, schlagfertig und selbstsicher zu sein.

Wer seine Ausstrahlung verbessern möchte und dabei genau hinsieht, wird seinen gesamten Alltag bereichern. Dieses Buch ist von der Praxis für die Praxis geschrieben. Es enthält Übungen zum Mitmachen, die Ihnen dabei helfen, Ihre Ausdrucksweise zu optimieren. In zahlreichen Beispielen erfahren Sie, wie Sie Jung und Alt (sowie Frau und Mann) von sich überzeugen können.

Verbessern Sie Ihren charismatischen Ausdruck. Veredeln Sie Ihre Persönlichkeit und überzeugen Sie auf ganzer Linie.

Entfliehen Sie der Komfortzone, indem Sie ganz neue Dinge wagen und andere Worte verwenden als bisher. Es kommt eben im Alltag immer auf ihn an: auf den entscheidenden Unterschied. Wenn Sie genau diesen für sich herausfinden, dann werden Sie selbstbewusster, erfolgreicher, zielsicherer und innerlich ausgeglichener als je zuvor.

Diese Lektüre lädt Sie zum Mitmachen ein. Sie enthält viele Übungen und Tipps, die es Ihnen ersparen, einen teuren Trainer oder Coach zu buchen. Zugegeben: Es erfordert schon Ihrer aktiven Mitarbeit, wenn Sie von den Inhalten in diesem Buch profitieren möchten. Allerdings ist es mit Sicherheit ein wichtiger Schritt in Ihrem Leben, wenn Sie an Ihrer Ausdrucksweise feilen.

Verbessern Sie Ihre ganze Persönlichkeit. Denken Sie daran: Es kommt nicht nur darauf an, was Sie sagen, sondern wie Sie es sagen. Ein Coach als Autor berichtet Ihnen von der Pike auf, wie Sie sich selbst im Alltag selbst trainieren können. Auf eine gut verständliche Weise enthält jedes Kapitel die Grundlagen der Psychologie, die Ihnen dabei helfen, Ihre persönlichen und beruflichen Ziele zu erreichen.

Die perfekte Ausdrucksweise hat jede Menge mit Ausstrahlung zu tun. Wie hängen Körpersprache und Fragetechniken mit der Kommunikation zusammen?

Details rund um dieses Thema und noch vieles mehr finden Sie in diesem Ratgeber, der jetzt schon zum Mitmachen einlädt. Viel Spaß bei der Umsetzung vieler Ideen, die Sie im Leben wirklich voranbringen. Wer mit guter Laune und jede Menge an Freude anhand der Übungen lernt, kann selbst über sich hinauswachsen. Rhetorik ist nicht alles – aber ohne die passende Ausdrucksweise ist alles nichts!

1. Definition: Ausdrucksweise und was damit zusammenhängt

„Wenn Du sitzt, dann sitzt nur, wenn Du stehst, dann stehe nur. Vor allen Dingen wackle nicht“

–Chinesischer Spruch–

Leben Sie immer im Hier und Jetzt und konzentrieren Sie sich auf eine Sache? Wenn Sie an sich arbeiten möchten, ist es wichtig, sich nur auf einen Schritt zu konzentrieren.

Was genau bedeutet es überhaupt, sich gut ausdrücken zu können?

Für die Ausdrucksweise gibt es keine spezielle Definition. Sich sinnvoll so zu artikulieren, dass Sie andere von Ihrer Persönlichkeit überzeugen, hat jede Menge mit Rhetorik, Schlagfertigkeit, Körpersprache und den richtigen Worten zu tun.

Denken Sie daran: Das, was Sie anderen Menschen von sich preisgeben, hängt längst nicht nur davon ab, welchen Satzbau mit welchen Worten Sie verwenden. Es kommt eben auch darauf an, welche nonverbalen Signale (Körpersprache) Sie aussenden, wenn Sie andere Leute in den Bann ziehen möchten.

Können Sie sich vorstellen, dass Sie sogar durch aktives Zuhören jede Menge von guten Rhetorikern lernen können? Hat die perfekte Ausdrucksweise sogar mit dem Small Talk zu tun, der nur auf den ersten Blick als „lästiges Beiwerk“ dient? Wie können Sie Ihre Frau bzw. Ihren Mann stehen, ohne arrogant zu wirken? Anhand dieser paar Beispiele sehen Sie schnell: Die Ausdrucksweise zu verbessern hängt von vielen wichtigen Elementen ab, die Sie aktiv beeinflussen können.

Hier ein paar Beispiele, wie Sie dieses Buch weiterbringen wird:

– Werden Sie im Privatleben überzeugend, indem Sie an Ihrer Körpersprache und Artikulation arbeiten. Das, was Sie andere über sich verraten, hat sehr viel mit einem aufrechten Gang und einem ehrlichen Blick sowie vielem mehr zu tun.

– Meistern Sie Meetings und wichtige Reden noch erfolgreicher, weil Sie wissen, welche Schlagworte zählen. Stellen Sie außerdem die richtigen Fragen, damit Sie Ihre Mitmenschen überzeugen. Das ist nicht nur für alle Mitarbeiter im Vertrieb bzw. im Kundengeschäft wichtig, sondern auch für viele weitere Berufe und den privaten Alltag.

– Verbessern Sie Ihre Rhetorik und liefern Sie die schlagkräftigen Argumente zum richtigen Zeitpunkt. Wer fragt, der führt. Damit Sie zielsicher Ihren Gesprächspartner aus der Reserve locken, liefere ich Ihnen wichtige Tipps für den gelungenen Auftritt.

– Ist es wirklich nötig, immer schlagfertig zu sein? Fakt ist allemal: Ihre Ausdrucksweise können Sie ganz erheblich optimieren, wenn Sie clever kontern und selbstsicher auftreten. Das hat auch damit zu tun, den Redeanteil so zu steuern, dass aus einem Monolog ein Dialog wird.

– Kommt es mittlerweile auch in schriftlicher Form darauf an, sich perfekt in Worten auszudrücken? In der virtuellen Welt, die sich nicht erst zu Zeiten in der Pandemie wichtiger denn je darstellt, ist es entscheidend, die passenden Begriffe zu verwenden. Egal, ob der persönliche oder schriftliche Auftritt: Es ist von zentraler Bedeutung, was Sie wie übermitteln.

– Es gibt in der Konversation ein paar No Go´s, die Sie kennen müssen. Nur somit verbessern Sie Ihren charismatischen Ausdruck – und das auf ganzer Linie. Welche Themen gehören in den Small Talk und welche nicht? Wer die Grundlagen der professionellen Konversation versteht hat mehr vom Leben.

– Zeigen Sie innere Stärke und Gelassenheit, indem Sie rhetorisch geschickt auftreten, ohne sich selbst in den Vordergrund zu stellen.

– Hat die richtigen Kommunikation sogar jede Menge mit Beobachtung, Zuhören und Lesen zu tun? Manchmal muss man das Rad nicht neu erfinden und kann von geschickten Rednern sehr viel lernen, um im Leben in großen Schritten weiterzukommen. Verbessern Sie Ihre Persönlichkeit. Sehen Sie sich die Stärken von anderen ab, die Sie dann mit Erfolg umsetzen.

– Sind Sie ab und zu verlegen und denken sich: „Warum kann ich mich nicht dann, wenn ich etwas perplex bin, so ausdrücken, wie ich es mir wünsche?“ Keine Sorge: Auch Sie können lernen, Ihre Schlagfertigkeit zu verbessern. Verzweifeln Sie nicht, wenn Sie nicht alles von Anfang an so meistern, wie Sie es sich vorgenommen haben. Wir wachsen alle an unseren Aufgaben...

Sie sehen an diesen paar Exempel aus der Praxis: Ausdruck hat längst nicht nur damit zu tun, dass Sie sich in Wort und Schrift sinnvoll artikulieren.

Denken Sie daran: Das, was andere über Sie denken, hat auch mit der richtigen Kleidung, der passenden Körperhaltung, mit dem selbstsicheren Gang und mit Mimik und Gestik zu tun. Wenn Sie an Ihrer Ausdrucksweise mit Nachdruck arbeiten, dann werden Sie Ihrer gesamten Persönlichkeit einen ganz neuen Glanz verleihen.

Resümee dieses Kapitels:

Warum wohl hat Petra Müller, die Dame aus der Einleitung, den Job erhalten? Denken Sie, es liegt ausschließlich an ihrer Fähigkeit, geschickt zu kommunizieren, erfolgreich zu sein?

Sie sehen: Wenn Sie aktiv an sich arbeiten, dann werden Sie sich nicht nur in den richtigen Worten ausdrücken. Sie können mit Hilfe der Tipps Ihre gesamte Persönlichkeit optimieren und somit für den gelungenen Auftritt in allen Lebenslagen sorgen.

Die richtige Konversation hat also mit einem rhetorisch geschickten Auftritt zu tun. Nehmen Sie also die Inhalte aus diesem Buch als kleines Handwerkszeug her, Ihr gesamtes Leben zu verbessern. Bleiben Sie sich aber selbst treu, denn eines wird sicher nicht passieren: Ich werde und möchte aus Ihnen keinen anderen Menschen machen. Wenden Sie die Tipps in Sachen Schlagfertigkeit, Körpersprache, Rhetorik, Small Talk und Co an, die zu Ihrem Charakter passen.

Nichts im Leben ist schlimmer, als sich in eine fremde Schablone zu pressen, die Sie früher oder später ablegen. Bleiben Sie authentisch. Wer sich auf Dauer wohlfühlt in dem, was er tut, nur der kann seine Ausstrahlung stimmig optimieren. Zudem lade ich Sie herzlich ein dazu, jede Menge Übungen mitzumachen, die Sie nachhaltig weiterbringen. Erst danach können Sie entscheiden, welche Idee zu Ihnen passt und welche nicht.

Extratipp: Kennen Sie die 72-Stunden-Regel?

Am meisten Mehrwert aus dieser Lektüre ziehen Sie, wenn Sie innerhalb der nächsten 72 Stunden alle Ratschläge aus diesem Buch aktiv umsetzen.

Kommen Sie ins Tun. Wer nur liest, wird schnell vergessen. Es ist wissenschaftlich mehrfach erwiesen: Alles, was Sie innerhalb der nächsten 3 Tage umsetzen, wird sich in Ihnen manifestieren (verankern.) Von Ihren Erfahrungen werden Sie am meisten lernen und profitieren. Wenn Sie nur alles an Wissen aus dieser Lektüre aufsaugen und sich Sätze sagen wie: „Das probiere ich schon irgendwann einmal aus. Momentan steht mir der Kopf weiß Gott wo und ich habe andere Dinge zu tun, als mich auf die Praxis zu konzentrieren…“ dann ziehen Sie nicht das Maximale aus diesem Buch.

Learning by doing ist also eine Weisheit, die Sie beachten sollten, um sich in Ihrer Persönlichkeit zu entwickeln. Alles, was Sie nur lesen und nicht umsetzen, wird verpuffen wie ein brennendes Strohfeuer, das sehr schnell wieder erlischt. Möchten Sie das wirklich? Ich freue mich mit Ihnen gemeinsam, wenn Sie den optimalen Nutzen aus dieser Lektüre ziehen. Machen Sie also mit! Haben

Sie keine Angst vor Fehlern - denn aus Ihnen lernen Sie am meisten. Noch nie ist ein Meister vom Himmel gefallen. Selbst geschickte Rhetoriker wie Markus Lanz, Donald Trump, Anne Will oder Warren Buffett wurden nicht als hervorragende Redner geboren. Es zählt: Üben, üben, üben...Wetten, dass genau das auch Sie ein großes Stück weiterbringen wird?

„Wer noch nie einen Fehler gemacht hat, hat sich noch nie an etwas Neuem versucht“

- Weisheit vom bekannten Albert Einstein -

2. Werden Sie zum guten Redner

„Wer mit seinen Stärken arbeitet, wird stärker“

–Zitat von Ingo Krawiec-

In diesem Kapitel geht es darum, zu einem guten Rhetoriker zu werden. Was bedeutet es aber, geschickt zu reden und andere mit schlagkräftigen Argumenten zu überzeugen? Wer sich professionell ausdrückt schafft es, andere zu überzeugen und sie nicht zu überrumpeln. Ein guter Redner hat es nicht nötig, wie ein narzisstischer, selbstverliebter Mensch andere Personen mit einer Arroganz zu überrollen, um sein Ziel zu erreichen.

Damit Sie jetzt schon ein paar Unterschiede kennen, wie Sie geschickt formulieren, ein paar Beispiele aus dem täglichen Leben.

1. Florian arbeitet im Verkauf und möchte Kunden technische Geräte verkaufen

Der Mitarbeiter im Vertrieb, Florian, argumentiert folgendermaßen vor dem Kunden, dem er eine Kaffeemaschine anbietet:

„Sie sollten sich vielleicht doch einmal dieses Gerät ansehen, das einigermaßen preiswert für Sie ist. Vermutlich könnte die Kaffeemaschine hervorragend zu Ihnen passen, weil sie guten Kaffee brüht und leicht zu reinigen ist. Wie wäre es denn für Sie, wenn Sie eine Tasse Kaffee, die ich Ihnen mit der Maschine zubereite, einmal testen würden?“

Der Kunde entgegnet: „Ich suche aber keine Kaffeemaschine die sich gut reinigen lässt, weil ich nur ab und an für meine Gäste Kaffee zubereiten möchte. Zudem ist einigermaßen günstig für mich kein guter Anhaltspunkt, weil ich wirklich nur an absoluten Schnäppchenpreisen interessiert bin."

Was fällt Ihnen an diesem Beispiel auf und warum kann Florian seinen Kunden nicht überzeugen?

Die Worte „einigermaßen", „vermutlich" oder „vielleicht" sind nicht gerade überzeugend in einer Argumentationskette. Sie nehmen viel von der positiven Wirkung, die Florian über das technische Gerät vermitteln möchte. Außerdem sollten Sie Konjunktive wie „wäre", „könnte" oder „sollte" und ähnliche stets vermeiden, wenn Sie vernünftig und überzeugend argumentieren möchten.

Wie könnte Florian seine Ausdrucksweise deutlich verbessern?

Im ersten Schritt ist es in jedem Fall sinnvoll, eine offene Frage vor dem Verkaufsgespräch zu führen. Nur dann kann der Mitarbeiter, der die technischen Geräte verkaufen möchte, eine Maschine finden, die genau zum Kunden passt.

Folgendermaßen könnte ein Gesprächsverkauf aussehen, der erfolgversprechend ist:

Florian: „Welche Voraussetzungen sollte denn die Kaffeemaschine erfüllen, die Sie suchen?" (offene Frage, die viele Antworten zulässt).

Kunde: „Ich benötige nur eine Maschine für Familienfeiern und zahlreiche Gäste. Der Kaffee muss außerdem sehr aromatisch schmecken und ich benötige keinen Milchschäumer oder ähnliches, was oft schwierig zu reinigen ist."

Florian: „Danke für die Info. Welche Summe möchten Sie in etwa ausgeben, damit Sie die passende Maschine kaufen?“ (geschlossene Frage, die klare Aussagen ermöglicht).

Kunde: „Mir schwebt ein Maximalbetrag von 400 Euro vor.“

Florian: „Ist es Ihr Ziel, evtl. einen Vollautomaten zu kaufen, der die Bohnen mahlt?“ (geschlossene Frage, die mit Ja oder Nein beantwortet wird).

Kunde: „Ja, denn ich achte sehr auf die Umwelt und möchte keine unnötige Plastikverpackungen in den Müll werfen. Außerdem schmeckt frisch gemahlener Kaffee meinen Gästen ganz hervorragend!“

Florian: „Super, dann habe ich genau die richtige Maschine für Sie, die noch dazu gerade zum Schnäppchenpreis zu haben ist. Von Jura erhalten Sie folgendes Angebot, das ich Ihnen jetzt gleich live vorstelle. Wenn Sie mir bitte folgen…“

In diesem Fall macht Florian alles richtig. Er stellt viele Fragen, um mit dem Kunden in den Dialog zu treten. Danach erst stellt er zielsicher die passende Maschine vor und vermeidet Konjunktive und Füllworte wie „vielleicht“ und ähnliche. Die Wahrscheinlichkeit, dass Florian mit dieser Ausdrucksweise erfolgreich ist, ist sehr viel größer als im ersten Fall.

2. Mia ist unsicher und redet immer wie ein Wasserfall, wenn sie unter Anspannung leidet und bei privaten Veranstaltungen Reden halten muss. Dadurch wird sie oft gemobbt und zieht sich immer stärker zurück, was ihr seelisch alles andere als guttut.

Mia ist 19 Jahre alt und möchte gerne einen Freund kennenlernen. Allerdings ist sie unsicher und läuft oft mit hängenden Schultern umher. Da junge Männer oft sehr gemein sind, fühlt sich sie oft brüskiert mit Sätzen wie „Mann, Du läufst ja herum wie eine 14-jährige. Wirst Du denn nie erwachsen?“ oder „Du bist ja ganz schön dick. Schmeckt Dir denn das Essen so gut oder warum achtest Du nicht auf Deine Linie wie andere Mädels in Deinem Alter?“

Mia ärgert sich sehr, dass ihr niemals die richtigen Antworten einfallen. Mit Hilfe von einem Coach lernt sie, sich besser zu verkaufen und schlagfertig zu kontern.

Sie entgegnet bei derartig anzüglichen und verletzenden Bemerkungen nun Sätze wie:

„Weißt Du, besser zu dick als dumm!“

„Danke, dass ich in Deinen Augen wie 14 aussehe! Jugend und Weiblichkeit – welch andere, wunderbare Frau in meinem Altem kann das schon miteinander verbinden?“

oder

„Ich stehe wenigstens robust im Alltag und mich weht kein dünnes Lüftchen um. Das habe ich den dünnen, naiven Mädchen einfach voraus!“

Natürlich kann Mia in selbstbewusst formulierten Sätzen nur gewinnen. Es bedarf allerdings ein wenig Übung, damit die junge Frau ihre Ausdrucksweise verbessert. Zudem sollte sie aufrecht positionieren und die Schultern nach hinten richten, damit sie selbstbewusst kontert.

3. Robert hat das Problem, dass er oft stottert und viel zu viel spricht, weil er andere Leute nicht aus der Reserve lockt

Der 30-jährige Robert ist an und für sich ein selbstbewusster und sportlicher Mann, der sich ganz gut verkaufen kann. Wenn er sich aber in die Enge getrieben fühlt, dann gerät er ins Stottern und Schwitzen.

Er redet sich bei erhöhtem Stressaufkommen um Kopf und Kragen und wird rot, wenn er Sätze stammelt wie „Hör doch auf, mit mir über Autos zu sprechen. Du weißt doch, dass ich der Umwelt sehr verbunden bin und deshalb lieber Fahrrad als Auto fahre...!“.

Darauf begegnen ihm böse Menschen mit Sätzen wie „Ja, weil Du schon viel zu lange nicht mehr Auto gefahren bist, hast Du Angst davor. Sicher weißt Du gar nicht mehr, wie man einen Wagen aufsperrt und startet, geschweige denn, ein cooles Auto durch die Stadt zu lenken...“

Aufgrund dieses Angriffes redet Robert immer mehr und mehr und verstrickt sich in endlosen Sätzen wie „Weißt Du, ich unternehme einfach etwas für die Umwelt und trage Verantwortung. Ich möchte außerdem Geld sparen, indem ich mit dem Rad unterwegs bin und keine Benzinkosten oder Parkplatzgebühren aufwenden muss. Ohnehin finde ich es von euch dämlich, keinen Schritt mehr zu Fuß zu laufen und immer bequemer zu werden...“

Alle umliegenden Männer im ähnlichen Alter lachen Robert aus, was ihn nur noch stärker in Rage versetzt.

Wie könnte Robert cleverer agieren und dabei an innerer Stärke erheblich gewinnen?

Kurze und knappe Fragen sind oft besser für den perfekte Dialog als endlose Argumentationen, die den Redner in Stress versetzten. In diesem Beispiel gilt das Motto „Wer fragt, der führt." Robert kann somit die passenden Fragen im Vorfeld üben, damit er die anderen aus der Reserve lockt und auch sinnvoll kontern kann. Ein paar Beispiele, wie der junge Mann zu einem guten Rhetoriker werden wird:

„Was ist bei Dir heute schon schiefgelaufen, dass Du nicht respektvoll mit mir kommunizierst?"

„Ich stehe für eine bessere Umwelt und betätige mich außerdem sportlich. Findest Du das nicht besonders intelligent, weil ich mir noch dazu das Geld für einen teuren Wagen spare?"

„Wieso musst Du Dich selbst immer in den Mittelpunkt stellen, indem Du andere in den Schatten stellen möchtest?"

„Hast Du es nötig, Dich auf Kosten von andren Leuten so billig zu profilieren?"

Anhand von diesen Beispielen sehen Sie, dass sich jeder Mensch ein paar gute Argumente überlegen kann, damit er schlagfertig zum guten Redner wird. Außerdem ist es entscheidend, mit einer selbstsicheren Körpersprache das gesprochene Wort zu unterstreichen. Details zum Thema der nonverbalen Kommunikation folgen im Laufe dieses Ratgebers.

Extratipp:

Im ersten Schritt sollten Sie herausfinden, wo Ihre Schwachstellen und Stärken in der Kommunikation liegen. Sprechen Sie zu schnell oder verschlucken Sie immer wieder einzelne Silben? Verhaspeln Sie sich oft, wenn Sie unsicher sind oder können Sie kaum Fragen stellen, die den anderen Gesprächspartner aus der Reserve locken?

Ein offenes Feedback über die Art und Weise, wie Sie sich artikulieren, ist im ersten Schritt Gold wert, damit Sie die Fähigkeit der Konversation verbessern. Nach der Ist-Aufnahme geht es dann darum, zu üben, was genau Sie als Persönlichkeit rund um das Thema Rhetorik verbessern möchten.

Hier die wichtigsten 10 Basics der perfekten Rede und einer Kommunikation, die von Anfang an überzeugen:

1. Sprechen Sie deutlich und laut, aber nicht zu laut. Unverständlichkeit ist das absolute No Go, wenn Sie andere mit einer Rede in den Bann ziehen möchten. Damit Sie sich über Ihre Art der Sprache ein objektives Bild machen können, ist es sinnvoll, eine Rede aufzunehmen und diese im Anschluss per Aufzeichnung (Video) genau zu analysieren. Dabei hilft Ihnen vermutlich ein Kollege oder ein ehrlicher Freund, damit Sie sich kritisch, aber nicht zu selbstkritisch sehen.

2. Setzen Sie, wenn Sie tendenziell zu schnell sprechen, bewusste Pausen. Das bedeutet, dass Sie dem Gegenüber Zeit zum Nachdenken geben, damit er das Gesprochene auch verarbeiten kann. Außerdem helfen Ihnen Pausen auch dabei, inne zu halten und sich dann erneut auf die folgenden Worte

mental vorzubereiten. Wer inne hält und einen Schluck Wasser bzw. einen tiefen Atemzug nimmt, kann sich neu sammeln.

3. Bitte artikulieren Sie sich immer so, dass Sie die Zielgruppe, die Sie erreichen möchten, auch gut verstehen kann. Ein Beispiel: Die Worte „Hey Alter, das ist sehr cool“ sind vermutlich für Jugendliche und junge Erwachsene gut, während diese in anderen Augenblicken ein absolutes No Go sind. Professionelle Reden im Job oder Vorträgen sollten Sie sehr höflich und im Sie-Stil halten. Denken Sie daran: Lieber wirken Sie etwas zu seriös als zu intim und persönlich. Verwenden Sie aber den Stil, der üblich ist. Exempel: Bei YouTube ist es üblich, den Zuhörer mit Du anzusprechen.

4. Wie sieht es mit Dialekten aus? Dialekte machen die meisten sympathisch und erzeugen Nähe. Dies gilt aber nur, wenn Sie authentisch bleiben und Sie sich keine unnatürlichen Dialekte antrainieren, die sie nicht beherrschen. Im Grundsatz ist ein höflich formuliertes Hochdeutsch die Sprache, mit der Sie Ihre Zuhörer in den Bann ziehen.

5. Bauen Sie die richtigen Fragen in Ihren Vortrag ein. Wichtig bei einer stimmigen Rede ist es, dass Sie im Dialog mit den Zuhörern bleiben. Die meisten perfekten Rhetoriker stellen immer wieder systemische Fragen, die die Zuhörer zum Mitmachen einladen. Offene Fragen wie „Was meinen Sie zu diesem Thema?“ oder „Wie möchten Sie die Inhalte aus dieser Rede umsetzen?“

animieren das Gegenüber zum Nachdenken und für Antworten. Das hält das Publikum wach und lockert jede Präsentation auf.

6. Suchen Sie sich Vorbilder, von denen Sie jede Menge lernen können. Mittlerweile gibt es guter Rhetoriker nicht nur im TV, sondern auch bei privaten Kanälen wie YouTube oder im persönlichen Bereich zu finden. Beobachten Sie genau, wie andere Redner Pausen setzen oder auch den Vortrag mit geschlossenen Fragen (hier können Sie nur mit Ja oder Nein antworten, im Gegensatz zu offenen Fragen) beenden. Ein Beispiel zu geschlossenen oder systemischen Fragen ist: „Haben Sie alles verstanden?“ oder „Passt es Ihnen, wenn wir im nächsten Vortrag intensiver auf das Thema eingehen?“ Diese Fragen sind rein obligatorisch und können eine Rede beenden.

7. Erweitern Sie Ihren Wortschatz. Worte wie schön oder gut können Sie besser formulieren, indem Sie wunderbar, zauberhaft, göttlich, gigantisch, eindrucksvoll und viele mehr verwenden. Machen Sie Ihre Sprache zu einem besonderen Instrument. Synonyme finden Sie bei Vorbildern, im Duden oder in zahlreichen Portalen im Internet. Je abwechslungsreicher Ihre Rede, desto mehr werden Sie die Zuhörer beeindrucken. Extratipp: Eine Portion Humor an der richtigen Stelle hilft den Menschen meist, immer wieder gespannt zuzuhören und mit Ihnen gemeinsam zu lachen. Das verbindet.

8. Formulieren Sie bitte kurze und verständliche Sätze. Wer Fachbegriffe, die die Zuhörer nicht verstehen, vermeidet oder diese gut erklärt, wird aufmerksames Publikum genießen. Versetzen Sie sich immer in die Lage als Patient, der bei einem Facharzt sitzt und eine Diagnose hören möchte. Ist es hier nicht Gold wert, wenn der Mediziner so spricht, damit der Kranke alles so versteht, um sich im Anschluss für die richtige Therapie zu entscheiden?

9. Üben Sie vor dem Spiegel oder mit einem kritischen Zuhörer, was das Zeug hält. Auch der perfekte und so kurze Vortrag (ca. 10 Minuten) ist oft mehrere Tage vorbereitet, damit er überzeugend wirkt. Natürlich muss nicht jedes spontane Argument ellenlang trainiert werden. Fakt ist aber, dass auch jeder Spitzensportler nur deshalb Höchstleistungen vollbringt, weil er viel Zeit für Training investiert hat. Denken Sie daran: Wenn Sie schlagfertig und clever argumentieren möchten, sollten Sie mindestens das dreifache an Zeit der Übung verwenden, als für den tatsächlichen Auftritt einer Präsentation.

10. Bereiten Sie sich immer sehr gut auf Ihren Vortrag vor. Dieser letzte Punkt ist nach Meinung von vielen Trainern mit der wichtigste. Formulieren Sie ruhig einzelne Worte und Sätze so aus, damit Sie von den Notizen im entscheidenden Moment ablesen können. Natürlich ist ein Verkaufsgespräch oder ein privater Termin mit Notizen in der Hand nicht sinnvoll. Allerdings ist es fürs Gespräch oft nicht leicht, die passenden Worte zum richtigen Zeitpunkt zu finden. Hierbei können Ihnen

handgeschriebene Stichpunkte in großen Buchstaben als Eselsbrücke für den gelungenen Auftritt helfen.

Mit diesen Ideen haben Sie allenfalls ein gutes Rüstzeug an der Hand, wie Sie Ihre Ausdrucksweise verbessern können. Denken Sie daran: Auch perfekte Redner oder Nachrichtensprecher führen oft Sprachübungen, Trainings bei Singen und Gurgeln und vieles mehr durch, damit sie sich intelligent ausdrücken können. Mit ein wenig Geduld und der richtigen Portion an Humor können auch Sie Ihre Fähigkeit der Kommunikation so optimieren, damit Sie bald schon richtig stolz auf sich sind. Schon jetzt wünsche ich Ihnen dabei: viel Spaß und Erfolg. Glauben Sie an sich und Ihre Stärke. Glaube versetzt Berge. Wetten, mit dieser Einstellung und einer gehörigen Portion an Fleiß schaffen Sie alles, was Sie möchten?

3. Welcher Wortschatz in der virtuellen und persönlichen Welt bringt Sie nachhaltig weiter?

„Nicht aus Büchern, sondern durch lebendigen Ideentausch, durch heitere Geselligkeit müsst ihr Lernen“

–Weisheit vom Lyriker Johann Wolfgang von Goethe –

Natürlich sind es längst nicht mehr nur Bücher, die uns Menschen in der heutigen Zeit meist ein großes Stück weiterbringen. Sie wissen jetzt, dass Sie Rhetorik üben sollten und dass es sinnvoll ist, eine professionelle Ausdrucksweise gut vorzubereiten. Trainieren Sie am besten mit Ihrem Partner oder einem vertrauten Kollegen, damit Sie sich in der Konversation verbessern. Bauen Sie die passenden Fragen ein und konzentrieren Sie sich auf Ihre Stimme, auf das richtige Sprechtempo und auf alles, was bei Ihrer Präsentation wichtig ist.

Das gilt übrigens nicht nur für die persönlich gehaltene Rede, sondern auch für den Austausch im Chat. Die virtuelle Welt gewinnt im 21. Jahrhundert zunehmend an Bedeutung.

Ein Beispiel:

Durch das Virus Corona schreiben sich viele Menschen Nachrichten oder nehmen an Video-Konferenzen teil, um sich auszutauschen.

Vor allem deshalb sollten Sie sich immer professionell ausdrücken, was auch für die sozialen Netzwerke gilt. Verwenden Sie gerade auf Instagram, Facebook und Co die Worte, die die Zielgruppe erreichen.

Wer sich auf den Chatpartner und Freude sehr gut einstellen kann, gewinnt die Leser bzw. Zuhörer auch für sich. Bewahren Sie stets Etikette. Manchmal ist weniger einfach mehr.

Klatsch und Tratsch hat im Internet nichts zu suchen. Profilieren Sie sich nicht auf Kosten anderen und überzeugen Sie mit gutem Content, der die Menschen wirklich weiterbringt. Das bedeutet, Rechtschreibfehler zu vermeiden und Achtsamkeit und Höflichkeit gegenüber allen Leuten gewähren zu lassen.

Sie sehen also: Rund um das Thema Wortschatz ist es sinnvoll, sich stets auf jedes Gespräch gut vorzubereiten. Vor allem bei der schriftlichen Kommunikation ist das oft leichter möglich als im spontanen Gespräch.

Überlegen Sie also immer genau, was Sie wann und in welcher Plattform Sie preisgeben. Das Internet vergisst nichts. Denken Sie daran, dass es jede Menge Scharlatane gibt, die ggf. mit Ihren Worten Schindluder betreiben möchten. Vermeiden Sie es also, Angriffspunkte zu bieten, die Sie später belasten können.

Wenn es um Ihre Ausdrucksweise in den social media oder in Chat geht, sind also folgende Sätze zu vermeiden und in positive Gedanken umzuwandeln. Wie dies funktioniert, erfahren Sie in folgenden Exempeln:

„Wie bescheuert ist denn der Fußballspieler X, der den Ball im entscheidenden Moment doch nicht im Tor versenkt hat?“

Formulieren Sie den gleichen Sachverhalt besser:

„Beim nächsten mal wird der Fußballspieler X seine Chance sicherlich besser nutzen.“

oder

„Schade, dass der Versuch nicht zum Treffer geführt hat. Allerdings hat X gezeigt, welch großes Fußballtalent er ist. Beim nächsten mal zeigt er uns sicher, dass er auch Tore schießen kann.“

Ein weiterer Fall der positiven Kommunikation, die mit Niveau stattfindet...

Posten Sie niemals Sätze wie:

„Mein Exfreund ist ein absoluter Affe“

oder

„Ich hasse Y, weil er nicht weiß, wie man sich benimmt.“

Hetzkampagnen in schriftlicher Form haben noch keinen Menschen weitergebracht. Wie können Sie einen Schlussstrich in einer Beziehung stilvoller kommunizieren, wenn Sie dieses Detail aus Ihrem Privatleben überhaupt an die Öffentlichkeit weitergeben möchten?

Schreiben Sie:

„Auf zu einem positiven Neuanfang."

„Danke für eine schöne Zeit. Alles hat einmal ein Ende..."

oder

„Jeder Mensch lernt, wie ich, aus Krisen am allermeisten. Dafür bin ich dankbar, auch wenn ich im Moment noch nicht alles so klar sehe, wie ich es mir wünsche."

Merken Sie den Unterschied?

Die gleiche Aussage ist mit positiven Worten getroffen, die nicht verletzen. Das ist stilvoll und zeigt Klasse. Mit einer positiven Ausdrucksweise werden Sie Ihre Zuhörer bzw. Leser überzeugen, ohne andere schlechtzureden.

Da das Internet zunehmend an Bedeutung gewinnt, sollten Sie hierbei besonders sorgsam agieren. Unterschätzen Sie niemals die Wirkung von Worten, die im Netz der Allgemeinheit dienen. Emotionale Ausbrüche in Form von Hass und Wut sind absolut unangebracht.

In diesem Kapitel möchte ich aber, neben einer gut gewählten Ausdrucksweise, noch auf folgenden Aspekt eingehen: Betrachten Sie Ihr Leben mit einer richtigen Portion an Humor. Nehmen Sie sich selbst nicht immer ganz so ernst und verzeihen Sie sich Fehler.

„Irren ist menschlich" sagte der Igel und stieg kopfschüttelnd von der Klobürste.

Sympathische Menschen schaffen es, über sich selbst zu lachen. Sie denken nicht nur an ihren Perfektionismus und verfolgen mit großer Verbissenheit ihre Ziele, sondern sie zeigen Menschlichkeit. Auch bei der richtigen Wortwahl und einer perfekten Ausdrucksweise, die Sie sich antrainiert haben, ist eine Spur Persönlichkeit Gold wert. Lachen Sie über kleine und große Versprecher. Diese passieren jedem von uns ein oder mehrmals im Leben.

Selbst professionelle Nachrichtensprecher geraten live in Lachanfälle, die Sie im Netz in zahlreichen Plattformen immer und immer wieder als eine Art von Kabarett sehen können. Sind diese Profis deshalb wirklich weniger erfolgreich und sympathisch?

Sie sehen: Perfektionismus ist die Sünde der Personen, die als Profi agieren. Nehmen Sie ruhig ein wenig Härte und Verbissenheit aus Ihrer Rede. Zeigen Sie, dass auch Sie ein Mensch sind, der Fehler macht. Wer über sich selbst lachen kann, der wirkt authentisch und so, wie es zur allgemeinen Bevölkerung passt.

Tipp für einen guten, charismatischen Ausdruck:

Viele Coaches sagen Ihnen folgenden Satz, der als Königsdisziplin gilt, wenn Sie an Ihrer Ausstrahlung arbeiten:

„Übertriebene Stärken werden schnell zu Schwächen!“

Sie sehen: Wenn Sie sich viel zu verkrampft auf Ihr Ziel konzentrieren, kann der Schuss oft nach hinten losgehen. Wer also zu bewusst Pausen setzt und an seinem Sprechtempo arbeitet, vergisst oftmals den natürlichen Ausdruck bei einer Rede. Alles, was Sie im Leben zu ca. 80 % meistern, ist vollkommen ausreichend für Ihren Erfolg. Konzentrieren Sie sich auf eine Aufgabe und versuchen Sie nach bestem Gewissen, diese sehr gut zu erledigen.

Ist Multitasking ein gutes Instrument, um bestimmte Aufgaben effektiv zu meistern?

Ein viel zu großer Anspruch an Perfektion sowie Multitasking führen in keinem Falle zu guten Ergebnissen, die sich auf Dauer sehen lassen können. In der heutigen Zeit zählen Depressionen und Burnout zu den Volkskrankheiten, die es in allen Gesellschaftsschichten und in jedem Alter zu finden gibt.

Sogar Berufsanfänger oder Studenten setzen sich sehr oft selbst zu stark unter Druck und zerbrechen am Perfektionismus.

Wer aber auf Dauer krank wird und kaum noch Leistungen erbringen kann, ist alles andere als effektiv und clever. Sorgen Sie also bei allem Training und jedem Willen, sich perfekt auszudrücken, auf die richtige Portion an Gelassenheit. Bleiben Sie locker und legen Sie die richtige Portion an Humor an den Tag, um sich selbst nicht zu überfordern. Die Gesundheit ist das wichtigste Gut, das wir Menschen alle haben. Dieses sollten Sie schätzen, achten, lieben und ehren.

Wer also langsam und stetig sein Ziel erreicht, der übt und nimmt neues Wissen auf. Allerdings sorgt er auch für ein ausgefülltes Privatleben, für Pausen und kleine Wellness-Oasen in seinem Leben, die neue Kraft schenken.

Auf den Punkt gebracht:

Ihren Wortschatz können Sie immer selbst bestimmen. Dazu hilft es den Menschen, sich selbst zu reflektieren und sich ggf. Feedback einzuholen. Sehen Sie sich Videos an, die Sie bei einer Präsentation zeigen.

Lernen Sie daraus und üben Sie vor dem Spiegel. Sehen Sie sich zudem immer genau an, bevor Sie in der virtuellen Welt bei den sozialen Netzwerken von sich preisgeben. Vermeiden Sie Klatsch und Tratsch und schreiben Sie stilvoll das, was anderen Menschen einen Mehrwert bringt. Passen Sie sich immer Ihrer Zielgruppe an und verwenden Sie den Du-Stil bzw. das Sie, wenn es angebracht ist.

Würzen Sie Ihre Texte außerdem mit der richtigen Portion an Humor, die für ein süffisantes Lächeln bei den Lesern bzw. Zuhörern sorgt. Der wichtigste Aspekt aber lautet: Bleiben Sie gesund und vermeiden Sie Multitasking und Perfektion. Alles, was Sie auf Dauer zu stark in Stress versetzt, ist Gift für ein gesundes Leben.

Optimieren Sie Ihre Stärken und lamentieren Sie nicht permanent über Ihre Schwächen. Jeder von uns bringt gute und weniger gute Seiten an sich mit. Konzentrieren Sie sich auf das Positive. Dann verschwinden die Schwachstellen automatisch in einem Schatten, der für andere unsichtbar wird.

Als letzten Tipp wünsche ich Ihnen Geduld und Gelassenheit sowie die richtigen Auszeiten im Leben, damit Sie nachhaltig vorankommen. Kleine und beständige Schritte, die Sie auf Dauer Ihre Leiter des Erfolges nach oben klettern sind besser als große Meilensteine, die Sie erreichen, um danach weit zurückzufallen. Dauerhafte Überforderung wird Sie, bei aller Liebe zum Erfolg, in den Burnout oder in den Zusammenbruch führen. Die Gesundheit darf bei allem Ehrgeiz niemals auf dem Spiel stehen. Deshalb sind Pausen, Wochenenden, Urlaube und schöne Momente im Kreise der Liebsten durch nichts zu ersetzen.

„Es ist nicht wenig Zeit, die wir haben, sondern es ist viel Zeit, die wir nicht nutzen"

- Weisheit von Seneca -

4. Körpersprache – das A und O für den perfekten charismatischen Ausdruck

„Das Vollgefühl des Gegenwärtigen wiederzuerlangen, ist ein machtvoll aufwühlendes Erlebnis, das ins Herz trifft“

–bekanntes Zitat von Fritz Perls–

Liegt es ganz in Ihrem Ansinnen, nicht nur rhetorisch und in Form von Worten zu überzeugen, sondern das Herz Ihrer Mitmenschen zu erreichen? Damit Ihr Auftritt zum großen Erfolg wird, sollten Sie wissen: Die nonverbale Sprache, also die Körpersprache, ist wichtiger als Sie vielleicht denken.

Ein Beispiel:

Pia reist in die Türkei und spricht kein Wort türkisch. Um als Single aber gut durchs Leben zu kommen, gewöhnt sie sich freundliche Gesten und ein Lächeln an, damit ihr bei ihren Anliegen geholfen wird. Was denken Sie: Wird die junge Touristin mit einer offenen Körperhaltung und mit einem Lachen im Gesicht ihren Urlaub gut verbringen?

Das Lachen ist das oberste Gebot der sinnvoll eingesetzten Körpersprache, die ganze Nationen miteinander verbindet, ohne ein einziges Wort zu verstehen.

Sicher haben auch Sie als Kind schon Sätze gehört wie:

„Lache und sei freundlich, dann wirst Du auch auf freundliche Menschen stoßen.“

oder

„Mit einem freundlichen Gesicht im Leben fällt Dir der Alltag immer leichter.“

bzw.

„Lächle, und Du wirst allen anderen einen großen Schritt voraus sein!“

Im Alltag und im Stress, dem wir täglich ausgesetzt sind, vergessen wir oft ein authentisches Lächeln oder ein freundliches Gesicht. Es ist aber die Visitenkarte der Körpersprache, die auch Sie noch schöner und erfolgreicher denn je macht. Lächeln können Sie in jedem Alter, mit jedem Geschlecht und sogar dann, wenn Sie krank sind. Wer freundlich und ehrlich ist, wird allen anderen Menschen stets einen großen Schritt voraus sein.

Natürlich heißt dies nicht, dass Sie als unnatürlicher „Dauergrinser“ durch die Menschheit marschieren sollen. Wenn Sie über ein ernstes Thema sprechen, dann sollten auch Mimik und Gestik dazu passen.

Authentizität ist die Trumpfkarte, die immer sticht.

Je nach Anlass dürfen Sie also ruhig einmal schallend lachen, sehr ernst und sorgenvoll dreinblicken oder mit einem überlegenden Blick Ihre Ratlosigkeit zeigen.

An diesem Fall sehen Sie schon: Die Körpersprache ist extrem wichtig, damit Sie alles, was Sie artikulieren, doppelt unterstreichen. Wer natürlich und glaubwürdig erscheint, kann auf ganzer Linie überzeugen. Vor allem bei persönlichen Auftritten ist es wichtig, Blick, Gang, Körperhaltung, Sitzposition, Gestik und Mimik sowie die passende Kleidung zu zeigen. Je wichtiger Ihr Termin (zum Beispiel, wenn es um den entscheidenden Job geht) desto mehr sollten Sie sich über all die nonverbalen Signale, die Sie aussenden, Gedanken machen.

Kennen Sie die Spitze des Eisbergs?

Sicherlich wissen Sie, wie ein Eisberg aussieht. Ca. 15 % - 20 % des Berges ragen aus der Meeresoberfläche empor.

Der große Anteil des Berges ist also unter dem Wasser verborgen. Wenn Sie nun diesen Vergleich auf Ihren Ausdruck ummünzen, dann sollten Sie folgendes wissen:

Das, was Sie an Worten und Botschaften an andere vermitteln, macht nur die Spitze des Eisberges aus. Das, was zählt, sind die Emotionen. Sie werden im nicht sichtbaren Anteil des Berges repräsentiert.

Dieser nicht zu sehende Teil, der aber die Menschen emotionale ergreift und entscheidend für den Erfolg ist, ist in den nonverbalen Wirkungsmitteln zu finden.

Es macht also einen sehr großen Unterschied, ob Sie lachen, glaubwürdig und menschlich wirken, wie Sie gestikulieren und die Menschen mit offener Kommunikation bestmöglich entertainen. Die Körpersprache ist also mit das wichtigste Element, das Sie bei einer gelungenen Präsentation niemals vernachlässigen sollten.

Neben der Spitze des Eisberges ist folgender Leitsatz aus der modernen Welt der Persönlichkeitsentwicklung von großer Bedeutung:

Ein Bild sagt mehr, viel mehr, als 1.000 Worte!

Dass die virtuelle Welt rund ums Netz einen immer größer werdenden Stellenwert einnimmt, ist Ihnen im Laufe des Buches sicher längst schon bewusst geworden. Arbeiten Sie in einer Plattform, in der die Körpersprache nicht immer zu sehen ist (nur bei Videos ist das der Fall) mit vielen Bildern, die die Menschen verstehen. Natürlich sollten Sie gerade im Chat oder in den sozialen Medien stets nur das von sich preisgeben, was nachhaltig sinnvoll ist.

Wenn Sie nun die große Bedeutung der Körpersprache kennen, dann stelle ich Ihnen jetzt die wichtigsten Elemente daraus detailliert vor. Natürlich sind auch andere nonverbale Elemente wichtig, die hier der Einfachheit halber nicht umfassend vorgestellt werden, um den Rahmen der Lektüre nicht zu sprengen.

Die wichtigsten nonverbale Signale, die die Menschen aussenden:

– Der Gang und die Körperhaltung sind sehr zentral entscheidend dafür, ob Sie selbstsicher und stark wirken. Im Grundsatz gilt: Brust raus, Schultern nach hinten und Blick nach vorne gerichtet. Achten Sie auf einen aufrechten Stand und Gang – das wirkt souverän. Hängende Schultern und der Blick auf den Boden hingegen wirken unsicher und so, als ob Sie überfordert sind und sich aus der Situation zurückziehen möchten.

– Suchen Sie den offenen Blickkontakt zu den Menschen, die Sie erreichen möchten. Achten Sie dabei auf ein freundliches Gesicht, das der Situation angemessen ein Lächeln zeigt.

– Verschränkte Arme und Beine? Diese Signale deuten oft auf Unsicherheit und Abwehr hin. Allerdings sollten Sie verschränkte Arme vor dem Brustraum nicht immer als ein Zeichen der Abwehr deuten. Manche Damen frieren schnell und verschränken sich dabei die Arme vor dem Körper, ohne dass sie das Gegenüber als ablehnend empfinden. Das gleiche gilt auch für übereinandergeschlagene Beine, die im daily business zwar nicht als perfekt, dennoch als üblich gelten.

– Wie sollte Ihre Mimik aussehen, damit Sie die anderen von dem, was Sie berichten, überzeugen? Zeigen Sie immer einen offenen Blick und sehen Sie Ihren Gesprächspartner in die Augen, wenn Sie mit ihm sprechen. Im Laufe des Dialogs ist das Hier und Jetzt besonders entscheidend. Schenken Sie dem gegenwärtigen Augenblick die volle Aufmerksamkeit und achten Sie darauf, dass Mimik und Gestik immer zu dem passen, was Sie zu sagen haben.

– Nicht zuletzt ist es wichtig, bei der Kleidung Stil und Niveau zu zeigen. Wie heißt es so schön? Kleider machen Leute! Denken Sie daran: Nicht alle Farben passen zu Frauen und Männern, auch wenn diese ggf. gerade als modern gelten. Tipp: Eine professionelle Stil- und Farbberatung kann Ihnen dabei helfen, in Sachen Look zu dem zu greifen, was Ihrer Persönlichkeit die besondere Note verleiht.

– Wie sieht es in Sachen Make up und Schmuck aus? Denken Sie daran: Weniger ist oftmals mehr. Vor allem die Damen dürfen ruhig etwas mehr Natürlichkeit bewahren, es sei denn, sie arbeiten für eine Kosmetikfirma und werben für deren Artikel. In der heutigen Zeit zeigen immer mehr Menschen sich genauso, wie sie sind: natürlich und einzigartig. Bleiben Sie bei einem gelungenen Auftritt immer authentisch. Achten Sie darauf, dass Sie sich in dem, was Sie repräsentieren, vollumfänglich wohlfühlen.

– Verhalten Sie sich so, wie es zum Anlass passt. Natürlich verzeiht man sehr jungen Menschen Stylingfehler, die sie in einem Club zeigen. Wer als erfahrener Banker aber im besten Alter keine klassische und ordentliche Kleidung trägt, riskiert oft den ein oder andere Geschäftsabschluss. Aus diesem Grunde geben viele Firmen mittlerweile einen Dresscode vor, der für alle Mitarbeiter gilt.

– Ein gepflegtes Äußeres ist die Visitenkarte des erfolgreichen Auftritts. Dazu gehört es, eine ordentliche Frisur zu tragen, frisch geduscht und wohlduftend in die Gesellschaft zu treten und auch darauf zu achten, Stil zu zeigen. Dass Kleidung nicht beschädigt oder schmutzig sein darf gilt ebenso entscheidend wie die Tatsache, keine ausgelatschten Schuhe zu tragen.

– Bei all diesen Signalen rund um die Körpersprache ist es bedeutsam, dass Sie sich selbst im besten Licht präsentieren. Allerdings dienen diese Inhalte auch dazu, Ihr Gegenüber richtig einzuschätzen. Wenn Ihnen ein junger Herr also sehr ablehnend und mit hängenden Schultern gegenübertritt, haben Sie ihn vermutlich nicht mit dem erreicht, was Sie ihm sagten. Andererseits ist ein freundliches und offenes Gesicht mit klarem Blick zu Ihnen gerichtet ein gutes Zeichen dafür, dass Sie sich vernünftig präsentieren.

Sie sehen: Körpersprache ist eine wichtige Ausdrucksweise, die für alle Gesellschaftsschichten gilt. Betrachten Sie also Ihre eigenen nonverbalen Signale ebenso wie die des Gegenübers. Auch hier können Sie sich jede Menge von Vorbildern absehen, die Sie im TV, im Netz oder aus Ihrem Umfeld (privat und beruflich) kennen.

Zahlreiche Übungen zu der passenden Körpersprache sollten Sie ruhig in Ihrem Alltag integrieren.

Ein einfaches Beispiel dazu:

Müssen Sie ein unangenehmes Telefonat führen, bei dem Sie clever und zu Ihrem Vorteil verhandeln möchten? Stellen Sie sich für diesen Zweck aufrecht in den Raum. Achten Sie auf einen sicheren Stand und kommunizieren Sie freundlich und bestimmt.

Mit dieser Haltung werden Sie Ihr Ziel besser erreichen, als wenn Sie gebückt am Tisch sitzen und sich vom Partner an der anderen Seite der Leitung in Grund und Boden reden lassen. Gerade bei kniffeligen Situationen wie bei Telefonaten ist es sehr entscheidend für den Erfolg, welche Haltung Sie beim Telefonat einnehmen.

Extratipp:

Was ist, wenn Sie mit Ihrem Talkpartner im Gehen sprechen? Ein zu langsames Tempo deutet auf wenig Power hin. Wer hingegen zu schnell hastet, zeigt sich als ungeduldig und ruhelos. Laufen Sie mit aufrechtem Gang dynamisch, aber nicht zu schnell. Im Zweifelsfalle gilt: Stellen Sie sich auf das Tempo von Ihrem Gegenüber ein. Wer sich auf seine Mitmenschen einstellen kann, zeigt Nähe und Empathie. Diese Punkte sind wichtig, damit Sie Ihren gesamten Ausdruck optimieren.

5. Small Talk richtig gemacht

„Es werden mehr Menschen durch Übung tüchtig als durch Naturanlage"

–Weisheit vom bekannten Demokrit –

Small Talk – wie einfach das doch klingt! Dennoch will Small Talk wohlüberlegt sein, damit er professionell stattfindet und keine unnötigen Angriffspunkte bietet. Wie lautet überhaupt die Definition von Small Talk und spielt er wirklich eine Rolle dafür, ob Sie sich in Ihrer Ausdrucksweise ganz allgemein verbessern?

Fest steht allemal: Auch beim unverfänglichen Plausch zwischendurch können Sie sehr viel üben, was Sie zum perfekten Redner macht.

Unter Small Talk versteht man den netten Plausch zwischendurch, der spontan, lässig und augenscheinlich zufällig vonstattengeht.

In einer ungezwungenen Atmosphäre sollen sich Jung und Alt und alle Gesellschaftsschichten fröhlich miteinander unterhalten können. Dies bedeutet, dass diese Form des Talks für alle Situationen einsetzbar ist. Der nette Plausch zwischendurch soll die Gesprächsatmosphäre auflockern und auf keinen Fall eine Angriffsfläche bieten, kritische Themen anzusprechen und tiefer darin einzusteigen. Diese Gesprächsform soll das Leben leichter, lockiger und ein großes Stück menschlicher gestalten. Sie ist universal einsetzbar.

Welchen Zweck halt Small Talk und ist er wirklich wichtig?

Als Small Talk mit Kollegen, unter Nachbarn und Freunden dient das unverbindliche Gespräch der Auflockerung von vielen Situationen, die das Leben mit sich bringt. Stellen Sie sich nur einmal vor, dass Sie im Supermarkt nebenan mehrmals pro Monat einkaufen, und Ihnen die freundliche Dame an der Kasse ein Lächeln schenkt, wenn Sie Ihnen einen schönen Tag wünscht.

Wer nur im Internet seine Waren für den täglichen Gebrauch einkauft, kann dieses kleine und doch so wichtige Stück an Menschlichkeit nicht genießen. Auch in einer Bar fällt Small Talk stärker ins Gewicht als Sie denken.

Der Drink vom coolen Barkeeper serviert schmeckt der jungen Dame besser als wenn sie ihn sich aus einem Automaten einschenken lässt. Unterschätzen Sie niemals die Emotionen, die Sie im Alltag unbewusst in sich spüren.

Das „feeling good“ wird im täglichen Leben immer davon beeinflusst, welche Menschen Sie begegnen, welchen Duft Sie ausstrahlen und was Sie zu Ihnen sagen. Small Talk ist unter Kollegen, im täglichen Leben in allen Alltags-Situationen sowie in Schule, an der Uni und bei Feiern und Familienfesten entscheidend.

Small Talk bietet Ihnen die perfekte Eintrittskarte dazu, mit den Menschen tiefer ins Gespräch einzusteigen. Egal, ob im Fahrstuhl, im Bus oder beim Gang ins Büro: Schenken Sie den Menschen freundliche Worte, die alles andere als nur „lästiges Beiwerk“ sind.

Small Talk lockert die Stimmung auf und hilft Jung und Alt, lässig miteinander auch ernste Gespräche zu führen.

Wie funktioniert Small Talk richtig?

Sie wissen nun, dass das unverbindliche Gespräch jede Situation auflockern soll. Damit ist schon klar: Sprechen Sie über völlig unkritische Themen, wenn Sie an der Kasse im Geschäft, auf dem Flur mit dem Kollegen oder beim Einstieg ins Telefonat fröhlich miteinander plaudern.

Das bedeutet, dass Sie je nach Anlass über Themen reden, zu denen jeder etwas zu sagen hat. Small Talk sollte niemals zu persönlich und intim werden. Er dient lediglich dazu, zu einem späteren Zeitpunkt über wichtige Details, fachliche Themen oder persönliche Dinge zu sprechen.

Aus diesem Grunde sollten Sie so einfache und unverfängliche Themen für die nette Plauderei für zwischendurch wählen.

Dazu eignen sich folgende Optionen:

– Tauschen Sie über das Wetter aus, denn hierzu hat jeder etwas zu sagen. Sie können es nicht ändern und dennoch schenkt es Ihnen einen wichtigen Beitrag dazu, wie Sie derzeit den Alltag erleben. Sonne, Urlaub, Strand und Meer sind beste Themen für den professionellen Small Talk.

– Ehrliche Komplimente schaffen Nähe. Wenn es authentisch ist, dürfen Sie also ruhig ins Gespräch einsteigen mit Sätzen wie: „Die Farbe steht Ihnen hervorragend“ oder „Ich finde, Sie lächeln so ehrlich und sehen glücklich aus. Ihre gute Laune steckt mich zum Mitlachen an.“ Mit diesen freundlichen Worten werden Sie schnell Zugang zu fremden Personen finden, wenn Ihre Schilderungen ehrlich und spontan sind.

– Die aktuelle Lage rund ums Weltgeschehen,

Feiern, Events wie Weihnachten oder Ostern sind perfekte Themen für den unverbindlichen Plausch zwischendurch.

– Das Wochenende, der anstehende Urlaub und alles, was gute Laune verbreitet, eignen sich sehr gut für den perfekten Small Talk. Achten Sie dabei auf positive Themen, die von Herzen kommen.

Mit diesen Beispielen sehen Sie: Es lohnt sich, etwas oberflächlich mit Ihrem Gegenüber zu plauschen, um Zugang zu anderen Personen zu finden. Je positiver Sie das Thema auswählen, desto besser für den weiteren Gesprächsverlauf.

Welche Themen sollten Sie beim Small Talk vermeiden?

Es gibt durchaus Gebiete, die Sie für die nette Plauderei zwischendurch nicht verwenden sollten. Alles, was zeitkritisch ist und verschiedene Meinungen zulässt, ist eine absolutes No Go für den Small Talk.

Ein paar Themen, die Sie beim unverbindlichen Gespräch unter Fremden, Kollegen oder Freunden besser lassen sollten, damit Sie wenig Streitpunkte liefern:

– Sprechen Sie nicht über Religion oder Politik. Hier gibt es viel zu kontroverse Meinungen, die für Kritik und Konflikte sorgen können. Small Talk muss sein, was er beschreibt: kurz und knapp. Halten Sie sich kurz mit positiven Gesprächsgebiete, die für gute Laune sorgen.

– Intimitäten oder zu persönliche Worte haben im unverbindlichen Gespräch nichts zu suchen. Denken Sie daran: An der Kasse beim Metzger kann fast jeder mithören, was Sie sagen. Deshalb sind Todesfälle, Krankheiten oder Scheidungen und Co keine guten Small Talk Themen.

– Achten Sie darauf, dass Sie nicht zu lange im Small Talk verweilen. In 2 – 4 Sätzen sollte die nette Plauderei vorbei sein.

– Small Talk ist oft der Übergang zum professionellen Gespräch, das in diskreter Atmosphäre stattfindet. Arbeiten Sie deshalb beim Small Talk mit geschlossenen Fragen wie „Konnten Sie schnell einen Parkplatz finden?“ oder „Geht es Ihnen gut?“ In der Regel werden Sie mit einem kurzen „Ja“ als Antwort für einen Übergang zum eigentlichen Gespräch sorgen.

Sie sehen: Es gilt, alle kritischen Themen, die in einer endlosen Diskussion ausufern können, aus dem unverbindlichen Plausch von Anfang an auszuschließen. Denken Sie daran: Bei der professionellen Gesprächsführung behalten nur Sie das Heft in der Hand.

Wie können Sie die gesamte Kommunikation verbessern, indem Sie Small Talk passend mit in den Alltag einfließen lassen?

Small Talk findet in den meisten Gesprächen am Anfang und am Ende statt. Zwischendurch geht es um den eigentlichen Sachverhalt.

Ein Beispiel:

Zu Beginn fragen Sie einen Kunden: „Schön, dass Sie da sind. Wie war Ihr Tag bisher?“ Das sorgt für eine lockere Stimmung und der Kunde fühlt sich vermutlich dadurch gleich wohl. Am Schluss wünschen Sie Ihrem Klienten einen schönen Tag und bedanken sich für das Gespräch.

Auch hierbei schaffen Sie es, freundlich zu bleiben und den Klienten mit guten Gedanken zu verabschieden.

Das ist professioneller Small Talk, der immer in den Dialog unter Menschen mit einfließen muss. Doch auch zwischendurch können Sie freundlich sein, mit dem Gegenüber über die aktuelle Verkehrslage, den Urlaub oder die Familie sprechen.

Alles, was in den Gesprächsfluss passt, ist erlaubt. Small Talk sorgt dafür, dass sich die Gesprächspartner entspannen können und vielleicht sogar ein Lächeln ins Gesicht gezaubert wird. Er ist wichtig, denn jeder Talk wird dadurch menschlicher, fröhlicher und ein ganzes Stücken bunter und individueller.

Wenn Sie die Familie des Gegenübers kennen, dürfen Sie sich ruhig nach dem Befinden von Tochter, Sohn oder anderen Personen erkundigen.

Die meisten Menschen sprechen gerne über die Familie, es sei denn, es gibt kranke Familienmitglieder, über die man nicht unbedingt gerne redet. Denken Sie immer daran, dass Sie authentisch bleiben. Small Talk muss sich ergeben und gut zum Verlauf des Gespräches passen.

Extratipp:

Üben Sie im ersten Schritt den professionellen Small Talk in völlig unwichtigen Situationen. Zum Beispiel dürfen Sie an der Kasse beim Einkauf den lässigen Plausch üben.

Sprechen Sie auf einer Familienfeier mit unbekannten Personen über das Fest, übers Wetter und vieles mehr, was bei allen Gesellschaftsschichten gut ankommt.

Damit verbessern Sie Ihre Ausdrucksweise und üben in der Praxis. Wer die Komfortzone verlässt und immer wieder seine Schüchternheit überwindet, wird auch dann, wenn es darauf ankommt, gut und souverän kommunizieren.

Learning by doing – Small Talk eignet sich bestens dafür. Denken Sie daran: Bei freundlichen Worten, die Sie an unbekannte Personen richten, können Sie nur gewinnen.

Beobachten Sie dabei die Körpersprache Ihres Talkpartners und ziehen Sie wichtige Schritte für Ihre persönliche Entwicklung daraus. Somit werden Sie automatisch auch dafür sorgen, immer besser und besser in Sachen Ausdruck zu werden.

Die revolutionäre Vertrauenspyramide:

Beim Small Talk sollten Sie zwei Ziele verfolgen:

1. Der Gewinn von Vertrauen, indem Sie...

2. ... relevante Informationen von Ihrem Gegenüber erhalten.

Beides bedingt sich gegenseitig. Gewinnen Sie das Vertrauen Ihres Gesprächspartners driften Sie mit ihm gemeinsam in eine tiefere Ebene. Statt über das Wetter, sprechen Sie über die Familie, den Beruf oder den wahren Problemen und Wünschen. So profitieren Sie von Kontakten, die Ihnen vertrauen und in bestimmen Situationen somit immer mit Rat und Tat zur Seite stehen. Das ist Netzwerken im eigentlichen Sinne. Eine wertschätzende Kommunikation.

Um Vertrauen von Ihrem Gegenüber geschenkt zu bekommen, benötigen Sie Informationen und sollten ernstgemeintes Interesse zeigen.

Die alltäglichen Themen wie das Wetter oder die Länge des Anfahrtsweges reichen dafür nicht aus.

Damit Ihnen die wirklich wichtigen Gesprächsthemen in Zukunft nie ausgehen, erhalten Sie heute von mir exklusiv den Schlüssel für tiefgehende Gespräche. Bei richtiger Anwendung knüpfen sie langanhaltende Kontakte, die sich zu Freundschaften und mehr entwickeln können.

Auf jeden Fall werden Ihnen die Themen auf der nächsten Gartenparty nie ausgehen...

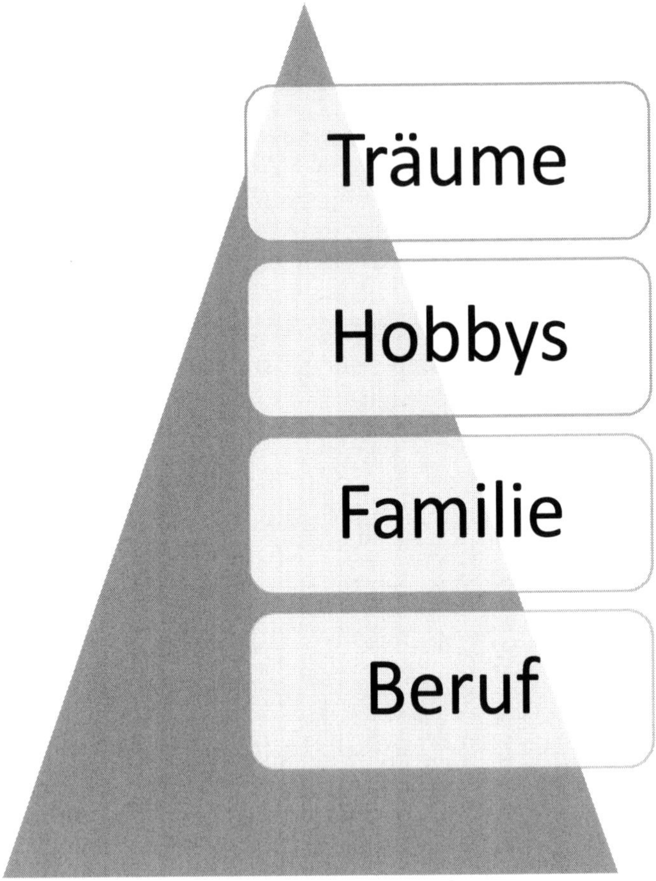
Träume
Hobbys
Familie
Beruf

Wie Sie die Vertrauenspyramide für sich nutzen...

Das sind die vier Gesprächsthemen, die ohne Probleme für einen ganzen Abend ausreichen:

1. Berufsleben
2. Familie
3. Hobbys
4. Träume

Es ist wichtig, dass Sie sich Stufe für Stufe mit Ihrem Gesprächspartner „hocharbeiten“. Jeder gemeinsam erklommene Level zahlt auf Ihr Vertrauenskonto beim Gegenüber ein. Außerdem merken Sie schnell, wie Ihre neue Bekanntschaft „tickt“. Das erleichtert Ihnen die Einschätzung, wie sinnvoll eine weitere Vertiefung des Gespräches für Sie ist.

Wie gehen Sie nun konkret im Small Talk vor?

Viele Menschen verbringen die meiste Zeit Ihres Alltages im Job. Deswegen fällt es uns erstaunlicherweise sehr leicht über unser tägliches Arbeitsleben zu reden. Starten Sie mit guten offenen Fragen und hören Sie aktiv zu.

Damit das Gespräch zu keinem Verhör wird, sollten Sie die Regel „Erst geben, dann nehmen“ immer berücksichtigen.

Bevor Sie eine Frage an Ihr Gegenüberstellen, erzählen Sie immer ein wenig von Ihnen selbst. Ihrem Gesprächspartner fällt es somit leichter, sich zu öffnen.

Welche „Opener“ Sie verwenden können, zeige ich Ihnen gleich.

Damit Ihr Small Talk nicht ins Stocken gerät, sollten Sie aktiv zuhören und wahres Interesse zeigen.

Es ist durchaus möglich interessiert zu wirken, selbst wenn Ihnen das besprochene Thema nicht zusagt.

Wenn Sie beispielsweise mit Fußball nichts am Hut haben, Ihr Gesprächspartner für den Rasensport aber Feuer und Flamme ist, können Sie durch geschicktes Fragen das Gespräch in eine für Sie spannende Richtung lenken. Es geht weiterhin um Fußball, allerdings bestimmen Sie die Tiefe.

Beispielsweise können Sie einem wahren Fußball Enthusiasten folgende Frage stellen:

„Ich kann mit Fußball leider nicht viel anfangen, was macht für Sie die Faszination für diesen Sport aus?“

oder

„Leider kenne ich keine Fußballmannschaften. Ich war allerdings letztens auf einem Konzert im Berliner Olympiastadion. Es war eine phantastische Stimmung... spielt dort auch ein Fußballverein? Wie ist die Stimmung während eines Spiels?“

Statt im Expertentum das Gespräch zu ersticken, gehen Sie das Thema anders heran. Sie setzten auf Emotionen und Gefühle. Der Inhalt wird nebensächlich. Das stärkt die Bindung zum Gegenüber. Sie wirken sympathisch und locker. Das Gespräch kann sich in eine andere Richtung entwickeln, wie viele Menschen es gewöhnt sind. Das sorgt für Würze und Spannung.

Sie sollten hier auch auf Ihr „Fingerspitzengefühl" vertrauen. Stellen Sie keine zu steile Thesen auf, sondern versuchen Sie stehts die Themen auf Gefühle und Emotionen zu beschränken.

Mögliche Opener für jeden Themenbereich:

Beruf:

Ich arbeite in der Lebensmittelbranche. Unsere Lieferanten stellen vermehrt auf eine digitale Bestellsoftware um. Das erspart uns extrem viel Zeit. Wie wirkt sich die Digitalisierung auf Ihren Arbeitsalltag aus?

Familie:

Ich wohne mit meiner Familie in einem kleinen Haus am Stadtrand. Unsere zwei Söhne, Lukas und Johannes lieben es im Garten zu spielen. Gerade während des Lockdowns war diese Ablenkung Gold wert. Was hat Ihren Kindern während Corona geholfen?

Hobbys:

Ich radle für mein Leben gerne. Selbst nach der Arbeit schwinge ich mich noch auf mein Rad und fahre noch ein paar Kilometer. Das ist mein Ausgleich zum stressigen Büroalltag. Was machen Sie gerne in Ihrer Freizeit?

Träume:

Unser Haus ist schön, ja. Allerdings schwebt in meinem Kopf der Traum von einem bewohnbaren Baumhaus herum. Ich bekomme diesen Gedanken einfach nicht aus meinem Kopf. Dieses Gefühl, in einer Baumkrone aufzuwachen und einen atemberaubenden Blick über den Wald zu haben, lässt mein Herz höherschlagen. Was geht Ihnen nicht mehr aus dem Kopf? Was wollen Sie noch in Ihrer Zukunft erreichen?

6. Werden Sie schlagfertig und zeigen Sie Stil – die 5 wichtigsten Tipps für Schlagfertigkeit –

„Nur durch den Winter wird der Lenz errungen“

-von Gottfried Keller-

Wenn Sie an Ihrer Ausdrucksweise aktiv arbeiten möchten, kommen Sie nicht ums Thema Schlagfertigkeit herum. Was aber bedeutet es überhaupt, schlagfertig zu werden? Schlagfertigkeit heißt nichts anderes als das schnelle verbale Reagieren auf neue, unvorhergesehene Momente.

Wer kennt das nicht? Sie wurden durch einen dummen Spruch von der Seite brüskiert, weil Sie Ihre weiße Hose bekleckert haben. Anstatt der richtigen Antwort, die andere auch zum Lachen bringen könnte, sind Sie mit rotem Gesicht und voller Scham von der Bildfläche verschwunden. Die passende Antwort fällt Ihnen zwei Stunden später, als Sie unter der Dusche stehen ein.

Warum haben Sie nicht im entscheidenden Augenblick Sätze gesagt wie: „Ich dachte, es wollte noch jemand etwas von meinen Nudeln. Weil das nicht der Fall war, habe ich sie mir auf die Hose geschmiert.“ oder „Gehen Sie bald zur Reinigung? Damit habe ich gerechnet, denn dann nehmen Sie meine Kleidung gleich mit!“

Trösten Sie sich: Schlagfertigkeit kann jeder von uns lernen. Wer nur gut genug übt und sich passende Antworten im Vorfeld gut überlegt, wird nicht mehr wie ein begossener Pudel dastehen, wenn er sich dumme Sprüche anhören muss. Zudem können Sie durch geschickte Konter andere zum Lachen bringen, Ihren Selbstwert steigern und allen anderen zeigen, dass Sie nicht verlegen sind.

In diesem Buch stelle ich Ihnen die wichtigsten 5 Regeln in Sachen Schlagfertigkeit genauer vor. Wählen Sie die Strategie, die am besten zu Ihnen und zu Ihrer Persönlichkeit passt. Bevor ich zu den 5 Tipps der Schlagfertigkeit komme, die absoluten No Gos der Kommunikation:

– Verletzen und brüskieren Sie niemals andere mit Ihren Sprüchen.

– Zeigen Sie sich höflich und süffisant. Wut und Ärger haben in der erfolgreichen Kommunikation nichts zu suchen. Was ist, wenn diese Gefühle dennoch in Ihnen hochkochen? Bauen Sie Aggression beim Sport ab und nicht mit bösen Worten, die Sie später bitter bereuen.

– Schimpfworte und Kraftausdrücke sind immer ein No Go. Zeigen Sie, dass Sie es nicht nötig haben, sich auf ein niedriges Niveau herabzulassen.

– Schreien, weinen oder zu emotional reagieren sind nicht die richtigen Wege, sich schlagfertig zu zeigen.

Jetzt wissen Sie die Basics, die als No Go`s der vernünftigen Ausdrucksweise zählen. Wie aber können Sie sich schlagfertig äußern und dabei jede Menge Sympathie gewinnen?

Die wichtigsten 5 Tipps im Überblick:

1. *Stellen Sie klar richtig, was Ihnen unterstellt wird und rechtfertigen Sie sich nicht.*

Frau Müller, Ihre Chefin, sagt Ihnen: „Herr Schmitt, da geht Ihnen wieder einmal Ihre Phantasie durch. Der Vorschlag ist einfach nicht umsetzbar, weil Sie viel zu viele Eventualitäten mit eingebaut haben, die so nie eintreffen werden."

Herr Schmitt antwortet: „Frau Müller, der Vorschlag ist sehr gut ausgegoren und ich habe viele Details darin berücksichtigt, die Ihnen jetzt noch nicht klar sind. Wann kann ich Ihnen diese denn näher erläutern?"

Mit dieser cleveren Antwort zeigt sich Herr Schmitt sehr selbstsicher, ohne zu verletzen. Er rechtfertigt sich nicht in einer Endlosschleife mit ellenlangen Argumenten, die an dieser Stelle unangebracht sind. Kurze, knappe und sicher formulierte Statements sind meistens besser als viel zu viele Worte, die immer wieder das Gleiche aussagen.

2. *Ziehen Sie die Aussage ins Lächerliche*

Ein Freund sagt zu Sabine: „Mann! Du bist aber ganz schön dick geworden. Passen Dir die alten Kleider denn noch?"

Sabine antwortet: „Nein, aber ich leihe mir jetzt immer die Zirkuszelte von einem guten Freund aus. So spare ich mir das Geld für teure Klamotten."

Schlagfertige Argumente, die andere zum Lachen bringen, sind sehr beliebt. Sie zeigen Niveau und spielen den „bösen Ball“ bei spitzen Bemerkungen an den anderen zurück.

Tipp:

Wenn Sie eine bestimmte Art haben, für die Sie immer wieder gemobbt oder mit dummen Bemerkungen attackiert werden, sollten Sie sich witzige Antworten einfallen lassen. Damit stärken Sie Ihr Selbstbewusstsein und gehen als Sieger von vielen Situationen, die Ihnen peinlich sein könnten, hervor.

3. *Unerwartete Zustimmung – das zeigt Stil*

Ein guter Freund sagt zu Ihnen: „Deine Mutter ist doch nur Hausfrau und kümmert sich nicht um ihre Karriere.“

Sie kontern: „Stimmt, sie ist die beste Hausfrau der Welt – sogar am Wochenende und ganz ohne Urlaub.“

An dieser witzigen Äußerung zeigen Sie, dass Sie voll und ganz hinter Ihrer Mutter stehen und Hausfrauen von Ihnen mehr als geschätzt sind. Das ist besser als sich zu rechtfertigen, warum Ihre Mutter keine Ausbildung absolviert hat.

4. Stellen Sie die richtigen Gegenfragen

In einer Kneipe fragt Lukas einen Passanten: „Sie haben schöne Zähne, gibt es die auch in weiß?“

Der Passant antwortet mit der Gegenfrage: „Sie haben weiße Zähne! Gibt es die auch in schön?“

Sie sehen: Mit der nötigen Portion Humor können Sie clever kontern und dabei als Sieger von jedem kleinen Wort-Duell hervorgehen.

5. Zeigen Sie Schlagfertigkeit durch die richtige Körpersprache

Nicht zuletzt ist es wichtig, die Körpersprache ganz ohne Worte sinnvoll für schlagfertige Argumente einzusetzen. Die meisten von Worten getroffenen Menschen reagieren als Opfer. Sie sitzen mit hängenden Schultern und ratlosem Blick da, wenn Ihnen förmlich „die Spucke wegbleibt“ und sie sich gedemütigt fühlen.

Wichtig ist hier, der Opferrolle schnell zu entkommen. Sollten Ihnen nicht die passenden Antworten einfallen, können Sie auch mit Hilfe der Körpersprache zeigen, dass Sie sich nicht verletzen lassen.

Ein paar Beispiele dazu:

Ein Freund sagt Ihnen: „Du siehst echt voll daneben aus mit diesem komischen Shirt!“

Sie sind sprachlos, zeigen dem Gegenüber mit einem süffisanten Lächeln im Gesicht, dass Sie seinen dämlichen Spruch nicht ernst nehmen. Weitere Gesten sind:

– Daumen hoch

– Selbstbewusster Stand mit verschränkten Armen und einem zustimmenden Nicken

– Ein offenes Stirnrunzeln mit einem nicht ernst zu nehmenden Nicken als Zustimmung

– Ein Flugküsschen, das zeigt, wie dumm dieser Spruch ist

Mit diesen Signalen sollten Sie im Job sehr vorsichtig sein. Sie ziehen den anderen ins Lächerliche und können je nach Situation ab und zu dennoch wirkungsvoll eingesetzt werden. Auch hier gilt es, die Körpersprache im Vorfeld sehr gut zu üben und ggf. durch die richtigen Worte, die Sie trainieren, sinnvoll einzusetzen.

Grundregel:

Bewahren Sie Etikette, wenn es um den Job geht!

Schlagfertigkeit kann jeder lernen. Schon alleine die Tatsache, dass Sie sich darüber Gedanken machen, wie Sie Ihre Ausdrucksweise verbessern, ist der richtige Weg, für den Sie sich auf die Schultern klopfen können. Seien Sie geduldig mit sich und lernen Sie Konter, die zu Ihnen passen.

Eine kleine Anekdote als Resümee dieses Kapitels:

Ein Mann hält eine Rede und übt eine Präsentation. Dabei verschränkt er seine Hände auf dem Rücken und vermeidet es, sie zur Gestik einzusetzen. Da dies ein Training darstellt, ruft ihm der Coach von der Seite zu: „Hände weg vom Auspuff!“

Der Mann reagiert ruhig und gelassen, nimmt die Hände nach vorne und sagt: „Danke für den Hinweis, ich lege sie jetzt einfach auf die Stoßstange...!

Es folgt schallendes Gelächter – was den Vortrag lebendig macht!

7. Übungen für den privaten Bereich, die Sie selbstbewusster denn je machen

„Der Verstand irrt, das Gefühl nie“

-Weisheit von Robert Schumann-

Die meisten von uns können lernen, noch stärker im Hier und Jetzt zu leben und auf Ihre innere Stimme zu hören. Für die meisten Menschen, die ihre Ausdrucksweise optimieren möchten, bietet sich der private Bereich sehr gut an, um zu üben, die Kommunikationsfähigkeit zu verbessern.

Was haben Sie dabei schon zu verlieren, wenn Sie auf Teufel komm raus als Single mit der netten Dame beim Frisör flirten, die Sie ggf. nie wieder in Ihrem Leben sehen?

Trauen Sie sich ruhig – denn üben werden Sie dann, wenn Sie mit Menschen aktiv arbeiten. Wer sich nur vor den Spiegel stellt und seine Rhetorik und Körpersprache verbessert, arbeitet mit angezogener Handbremse.

Das tägliche Leben ist voll von Möglichkeiten, die Ihnen helfen, Ihrer Persönlichkeit einen neuen Glanz zu schenken.

Nutzen Sie Ihre Ressourcen. Führen Sie kleine Trainingssequenzen durch, die Ihnen zeigen, dass Sie durch „learning by doing“ Ihren charismatischen Ausdruck verbessern.

Wenn Sie hierbei höflich sind und andere Leute nicht verletzen, können Sie mit der Strategie „auf ins Leben“ niemals falsch liegen.

Jetzt geht es in die Praxis. Ich stelle Ihnen ein paar Optionen vor, wie Sie Ihre Ausdrucksweise im privaten Umfeld verbessern können. Natürlich erfüllt diese Liste nicht den Anspruch auf Vollständigkeit und dient allenfalls als Richtwert für Sie und Ihr Umfeld.

Schreiben Sie einen Brief und schicken Sie diesen an sich selbst ab bzw. lesen Sie die Worte in 3 Monaten nochmals durch. Was könnten Sie an Ihrem Wortschatz verbessern? Mit etwas Abstand reflektieren Sie manches etwas anders als zum Zeitpunkt des Schreibens. Dabei sollten Sie aber nicht zu selbstkritisch ins Gericht gehen, denn: Ausdrucksweise ist auch Geschmackssache.

Sind Sie manchmal verlegen und fallen Ihnen nicht immer die richtigen Antworten ein? Üben Sie am besten mit Ihrem Partner, wie Sie sich in Sachen Schlagfertigkeit verbessern können.

Ein Beispiel: Paula kommt nach Hause und schimpft: „Heute hat mich so ein Typ im Straßenverkehr, als wir an der Ampel standen, total dumm über die Autoscheibe hinweg angemacht. Ich war so genervt und wusste nicht, wie ich reagieren soll.

Immer, als ich zu ihm schaute, hat er über mich gelacht und mir am Ende sogar einen Flugkuss zugeworfen...“ Paulas Freund antwortet: „Wie kannst Du es in Zukunft besser machen?“ Paula meint: „Keine Ahnung, ich wollte ihm am liebsten den Stinkefinger zeigen.“ Ihr Partner entgegnet: „Gut, dass Du es nicht gemacht hast. Solche Typen möchten doch nur provozieren. Schau doch in Zukunft einfach in eine völlig andere Richtung und ignoriere solche Menschen. Ignoranz zeigt, dass der Typ es nicht verdient, Deine Aufmerksamkeit zu bekommen."

An diesem Beispiel sehen Sie: Es ist gut, über Situationen mit Ihrem Partner zu sprechen. Beim nächsten Mal wird sich die sehr hübsche Paula anders verhalten und riskiert dennoch keine Konflikte, wenn Sie unüberlegt handelt.

Wichtig ist: Lernen Sie aus Ihrem täglichen Leben, denn hier stehen die Chancen der Entwicklung in den richtigen Schritten mehr als gut. Wir Menschen lernen alle am meisten durch unsere Lebenserfahrung.

Gelten Sie als schüchtern und möchten Sie lernen, offener zu werden? Setzen Sie sich in ein Café und beobachten Sie die Menschen. Wie können Sie mit Ihrer Körpersprache zeigen, dass Sie offen für einen Talk wären?

Trauen Sie sich im Anschluss, in den lässigen Small Talk einzusteigen. Das kann Ihnen mit Sätzen gelingen wie: „Sie lesen die Süddeutsche Zeitung? Das ist auch meine Lieblingszeitung, ich habe sie heute am Vormittag schon gelesen. Welcher Artikel gefällt Ihnen denn besonders?“ oder „Bei dem Wetter setzt man sich lieber ins Café und genießt einen heißen Kaffee...“ bzw. „Schön, dass Sie sich die Zeit nehmen zum Zeitung lesen und nicht nur auf dem Smartphone Nachrichten lesen.Hat das nicht alte Tradition, ein gutes Blatt Papier zur Hand zu nehmen?“

Natürlich ist es gerade für schüchterne Personen eine Überwindung, fremde Menschen anzusprechen. Selbst dann, wenn Sie einen Korb erhalten, können Sie dabei aber nur gewinnen. Nach und nach erlangen Sie ein Mehr an Stärke und werden immer leichter fremde Personen ansprechen. Kommt es wirklich auf den ein oder anderen Korb an oder auf die Entwicklung Ihrer Persönlichkeit? Lassen Sie sich besondere Chancen nicht entgehen. Nur, wenn Sie Türen öffnen, können Sie auch neue, spannende Räume betreten...

Üben Sie den Dialog unter Freunden. Lassen Sie in die Kommunikation bewusst offene und geschlossene Fragen einfließen, damit der Redeanteil ausgewogen ist. Somit entsteht ein gutes Gespräch, in das sich jeder einbringen kann.

Lernen Sie anhand der Kommunikation mit Kindern und Jugendlichen, wie sie ihre Sprache verwenden. Es lohnt sich, sich auf die Spontanität von Kindern einzulassen, die im Hier und Jetzt leben und sich nicht so viele Gedanken machen wie viele von uns Erwachsenen.

Auch bei den „neuen und sehr coolen Worten, die man heute zu Tage verwendet“ können ältere Herrschaften mit der Zeit gehen und von den Kids lernen. Das schafft Nähe und zeigt, dass Sie up to date sind.

Wann waren Sie zuletzt auf einer Kneipentour mit der besten Freundin oder dem besten Freund? Mit einer Person, die Ihnen sehr nahesteht, können Sie sehr gut üben, was Sie wann sagen. Holen Sie sich ehrliches Feedback ein, wenn Sie Small Talk oder die richtigen Worte bei einem Flirt trainieren möchten. Der richtige Freund gibt Ihnen ernst gemeinte Tipps, die Sie im Leben weiterbringen.

Ihnen reichen diese Ideen alle nicht aus, damit Sie Ihre Ausdrucksweise schnell und auf Dauer verbessern können? Wer möchte, kann natürlich auch einen professionellen Coach dazu beauftragen, damit Sie im Leben gut bestehen und sich klar und deutlich präsentieren, ohne zu egoistisch zu werden. Allerdings ist die Selbstreflexion immer möglich – und zwar an jedem einzigen Tag in Ihrem Leben.

Tipp zur Erreichung Ihrer Ziele:

Am besten ist es, Sie schreiben sich Ziele auf, die Sie dann auch tatkräftig verfolgen. Dazu dienen das Smartphone oder persönliche Notizen, die Sie täglich mehrmals sehen. Notieren Sie zum Beispiel Sätze wie: „Ich bin schlagkräftig, indem ich süffisant lächle, wenn mich andere beleidigen möchten!“ oder „Die Worte vielleicht, eigentlich oder wäre, hätte, könnte streiche ich jetzt aus meinem Leben, damit ich selbstsicherer werde.“

Schon durch das Aufschreiben Ihrer Ziele werden Sie an Ihre Vorsätze erinnert. Nach und nach werden Sie somit Ihrer Ausdrucksweise verbessern und entfliehen der Komfortzone. Wenn Sie jeden Tag eine kleine Aufgabe bewältigen, dürfen Sie sich am Ende des Monats gerne selbst belohnen. Laden Sie sich selbst zu einem feinen Dinner ein oder verbringen Sie einen Wellness-Tag mit Ihrem Partner. Es lohnt sich, sich selbst zu motivieren und sich für erreichte Zwischenziele zu belohnen.

Welche Notizen machen Sie sich jetzt, damit Sie persönliche Ziele in Sachen Ausdruck und Selbstbewusstsein erreichen?

8. Übungen für berufliche Situationen, die Sie weiterbringen

„Das Geheimnis des Erfolgs? Anders sein als die anderen“

–Weisheit von Woody Allen-

Natürlich müssen die meisten Menschen immer wieder mit dem Strom schwimmen, um erfolgreich und selbstbewusst die Karriereleiter nach oben zu klettern. Allerdings ist mainstream nicht immer gefragt, wenn Sie ein Statement setzen möchten.

Was in Ihrer Situation rund um den Beruf angemessen ist oder nicht, das entscheiden Sie natürlich ganz alleine. Zudem sollten Sie Stagnation oder Krisen im Job nicht als absolute Katastrophe betrachten. Schwere Zeiten gehören zum Leben mit dazu – das gilt für den privaten und beruflichen Bereich gleichermaßen. Lernen Sie aus Krisen und ziehen Sie die richtigen Schlüsse daraus. Dann werden Sie auf Dauer Ihre Vorsätze neu ordnen und durch Veränderungen sogar erfolgreicher werden als je zuvor.

Wahre Persönlichkeiten sehen in Krisen Chancen, die sie nutzen und die ihrem Leben einen ganz neuen Stellenwert schenken.

Jetzt stelle ich Ihnen ein paar praktische Sequenzen vor, wie Sie im daily business Ihre Ausdrucksweise optimieren können. Natürlich liefert Ihnen die Liste nur ein paar Optionen, die sich für Selbständige und

Angestellten gleichermaßen eignen, um die Komfortzone zu verlassen. Trauen Sie sich, Ihr Leben zu optimieren. Selbst dann, wenn nicht alles von Anfang an funktioniert, was Sie sich vornehmen, dann lernen Sie aus Ihren Fehlern.

Ein paar Ideen in Sachen Job, um Ihren charismatischen Ausdruck zu veredeln:

– Üben Sie am Telefon, wie Sie schlagfertig reagieren können. Lassen Sie sich durch Körbe nicht davon abhalten, damit Sie clever kontern oder andere Leute von Ihrer Idee überzeugen. Dabei geht es nicht darum, Kunden etwas Unsinniges aufzudrängen, sondern die Kommunikationsfähigkeit zu verbessern und wichtige Schlüsse daraus für die Zukunft zu finden. Achten Sie außerdem darauf, dass Sie ein „Nein“ vom Kunden nicht aus der Bahn wirft. Glauben Sie daran, dass Körbe und Niederlagen stark machen und Sie sehr viel daraus lernen, was Sie verbessern können.

Tipp: Beobachten Sie sich mit Ihrem Kollegen gegenseitig bei Telefonaten. Ein offenes uns konstruktives Feedback hilft Ihnen sicherlich dabei, an Ihrem Ausdruck und an Ihrer Überzeugung aktiv zu arbeiten.

– Wann haben Sie zuletzt ein Bewerbungsgespräch oder ein wichtiges 4-Augen-Gespräch mit dem Chef oder einem Angestellten geführt?

Diese Situationen können Sie immer üben. Das trainiert für den Ernstfall und hilft Ihnen dabei, die richtigen Fragen zum passenden Zeitpunkt zu stellen. Ohnehin ist es sinnvoll, mit offenen Fragen (diese beginnen oft mit den Worten wie, weshalb, wodurch, wie viele, warum usw.) eine ehrliche Meinung vom Gegenüber zu erfahren.

Tipp: Achten Sie einmal bei einem wichtigen Gespräch darauf, wie hoch der Gesprächsanteil der jeweiligen Partner ist. Ein offener Dialog bedeutet, dass jeder Raum findet, umfassend seinen Standpunkt darzulegen.

Das heißt, dass zwei Personen jeweils zu ca. 40 % - 60 % Redeanteil besitzen sollten. Denken Sie daran: Monologe sind meist ermüdend und langweilig, es sei denn, es handelt sich um Präsentationen oder reine Fachvorträge.

– Wann haben Sie bewusst Small Talk im Job geübt? Es lohnt sich immer, über Wetter, Urlaube oder unverfängliche Themen wie Betriebsfeiern oder Geburtstage zu plaudern.

Im Job ist es wichtiger denn je, kritische Themen wie Politik, Religion, Krankheiten und vor allem Klatsch und Tratsch zu vermeiden. Profilieren Sie sich beim netten Plausch zwischendurch niemals auf Kosten von anderen Personen.

Zeigen Sie sich stilvoll, bleiben Sie freundlich und bewahren Sie die nötige Distanz zu Kollegen.

– Wann haben Sie zuletzt mit einem Kunden einen Anschlusstermin mit gutem Gesprächseinstieg vereinbart? Sie können zum Beispiel nach einem Verkaufsgespräch äußern: „Danke für das gute Gespräch. Ich sehe gerade, dass Sie in einem halben Jahr Geburtstag haben. Dann lohnt es sich, dass wir erneut über Ihre Situation sprechen.

Ist es Ihnen recht, wenn ich Sie gleich nach Ihrem Geburtstag anrufe, damit wir uns wieder treffen können?“ Die meisten Kunden werden positiv reagieren, wenn Sie schöne Erlebnisse in geschäftliche Anlässe mit einfließen lassen.

– Üben Sie Personalgespräche im Vorfeld mit Kollegen. Führen Sie Rollenspiele mit Azubis durch, damit Sie Einwände von Kunden gut behandeln können.

Nicht jede Firma gibt Ihnen professionellen Coaches an die Hand, damit Sie schwierige Sequenzen, die das daily business nun einmal mit sich bringt, trainieren können.

Nehmen Sie selbst das Zepter in die Hand, damit Sie sich in der Kommunikationsfähigkeit verbessern können. Wetten, dadurch werden Sie noch erfolgreicher als bisher und können Ihre Ziele gut erreichen?

– Wann haben Sie Schlagfertigkeit, die höflich und dennoch witzig ist, zuletzt im Job geübt? Vor kurzem klingelte das Telefon im Büro und der Partner am anderen Ende der Leitung hat sich verwählt.

Er entschuldigte sich für das Versehen und mein Kollege antwortete süffisant: „Das macht doch nichts, es hat ohnehin gerade bei mir geklingelt.“ Alle Parteien mussten schallend lachen und konnten durch die schlagkräftige Bemerkung dem Tag etwas ganz Wunderbares abgewinnen. Ein Tag ohne Humor ist ein verlorener Tag.

Lachen Sie deshalb gerne auch im Job, damit Sie für Sympathie sorgen, um im Anschluss wieder ernsthaft zu arbeiten.

– Die schriftliche Ausdrucksweise wird auch im Berufsleben immer wichtiger. Viele Firmen präsentieren sich in den sozialen Netzwerken und pflegen einen Blog, den Sie regelmäßig mit neuen Inhalten befüllen müssen.

Achten Sie hierbei auf gute, professionelle Bilder, vermeiden Sie Rechtschreibfehler und präsentieren Sie Ihre Firma kompetent, seriös und so, wie es dem Stil des Unternehmens gerecht wird.

– Kleiden Sie sich so, wie Sie gerne andere Personen sehen und sorgen Sie dafür, dass Ihre persönliche Erscheinung zum Job passt. Tipp: Nicht nur stylische Frauen achten stark auf gepflegte Hände, ordentliche Schuhe und einen Auftritt, der zur Person passt. Unterschätzen Sie niemals Ihr äußeres Erscheinungsbild. Es ist oft wegweisend für Ihre Karriere.

An diesen Optionen sehen Sie: An Ihrem Ausdruck können Sie sehr gut auch im Job an viele Dinge feilen. Ich wünsche Ihnen jetzt schon: Viel Spaß und Power beim Ausprobieren.

Üben Sie zuerst mit Personen, die nicht ganz so wichtig sind als mit „großen“ Kunden oder Chefs, bei denen es auf jedes Detail ankommt. So können Sie mit Ihrem Fleiß zeigen, dass Sie Ihre Karriere keinem Zufall überlassen. Übernehmen Sie Verantwortung für Ihr Leben.

Das meiste von Ihrem Erfolg haben Sie selbst in Ihrer Hand! Kommen Sie ins Tun – denn das nimmt Ihnen niemand ab. Je aktiver Sie sind, desto besser die Chancen, dass Sie Ihre Konversation und Ihren Auftritt verbessern.

9. 7 Tipps für die perfekte Ausdrucksweise für den Einsteiger und Fortgeschrittenen

„Scheitern ist nicht so schlimm. Schlimm ist, nichts versucht zu haben"

- Weisheit von Heinz Eggert –

Mit diesem Zitat möchte ich Sie dazu motivieren, alles auszuprobieren, was Sie derzeit begeistert. Wichtiger ist es, von den Ideen nur 2 – 3 aktiv zu testen, als wenn Sie über alle Vorschläge nachdenken und niemals ins Doing kommen. Haben Sie keine Angst vor Veränderungen.

Aus Fehlern lernen Sie am meisten, wenn Sie diese mit einer Portion Humor betrachten. Zudem bewahrt es viele Menschen, sich Ängsten und Sorgen hinzugeben, wenn sie ihr Leben als Großes und Ganzes betrachten.

Mit dem Blick aus der Vogelperspektive sind Schwierigkeiten oder sogar Schicksalsschläge niemals so schlimm, als dass sie nicht gelöst werden könnten.

Resiliente Menschen (also resistente Leute gegen Stress) wachsen an ihren Aufgaben. Sie geben nicht so schnell auf und entfliehen rasch der Opferrolle. Genau das ist es, was auch Sie im Leben weiterbringt, wenn Sie noch nicht der perfekte Kommunikationspartner sind.

Damit Sie Schritt für Schritt Ihre Ausdrucksweise verbessern werden, stelle ich Ihnen jetzt einen Plan vor.

In diesem finden Sie als Einsteiger und als etwas erfahrenerer Redner Möglichkeiten, wie Sie über sich hinauswachsen können. Diese Möglichkeiten stammen aus der Welt des Coachings und können von Jung und Alt bzw. von Frauen und Männern gleichermaßen ausprobiert werden. Viel Freude beim Üben!

1. Schreiben Sie sich Worte auf, die Ihnen gefallen und integrieren Sie diese immer wieder in Ihren Wortschatz.

Worte sind etwas wunderbares. Suchen Sie nach Synonymen für Begriffe wie groß oder klein. Sagen Sie besondere Sätze mit riesig, gigantisch, monumental, winzig oder unscheinbar. Es sind die besonderen Worte, die Ihrer Sprache eine individuelle Energie schenken.

2. Schreiben Sie – denn: Wer schreibt, der bleibt!

Vor allem für den Einsteiger, der sich nicht sofort traut, auf fremde Menschen zuzugehen, ist das Aufschreiben von kurzen, schlagkräftigen Sätzen ein wichtiger Schritt. Formulieren Sie alles aus, was zu Ihnen passt. Üben Sie dann die Sätze vor dem Spiegel und zeigen Sie auch mit Ihrer Körpersprache, was Sie zu sagen haben. Ein einfaches Beispiel

Britta möchte auf einer Party überzeugen. Sie macht sich besonders hübsch und übt ein lässiges „Hallo, hier bin ich“ vor dem Spiegel. Den Zettel mit „Hallo hier bin ich“ nimmt sie als Erinnerung auf die Fete mit. Sie achtet beim Üben darauf, Ihr bestes Lächeln zu zeigen und trainiert einen betörenden Augenaufschlag. Beim Auftritt beim Fest ist Sie bestens gerüstet und weiß: Auf den ersten Eindruck kommt es an!

Extratipp:

Als Einsteiger gilt: Wer schreibt, der bleibt!

3. Lernen Sie durch aktives Zuhören und Zusehen

Auch dieser Trick ist für Neulinge Gold wert. Wussten Sie, dass wir zwar durch eigene Aktivitäten viel lernen, aber jede Menge von anderen abschauen können? Dabei geht es nicht darum, Vorbilder zu kopieren, sondern von ihnen Dinge zu lernen, die Sie umsetzen, weil sie zu Ihnen passen. Gute Redner hören aktiv zu. Wachsame Menschen sehen genau hin und bilden sich im Anschluss eine neutrale Meinung.

Extratipp:

Sollten Sie wenig unter Leute kommen, können Sie sich auch im TV oder Videos Botschaften heraussuchen, die zu Ihnen passen. Schon kleine Video-Sequenzen, die auf den ersten Blick unprofessionell wirken, bedürfen oft viel Arbeit so zu werden, wie sie sind.

Denken Sie daran: Ausstrahlung und Körpersprache sowie Small Talk und vieles mehr können auch Sie lernen!

4. *Kommen Sie zu Ruhe*

Manchmal muss man, bei aller Übung, Pausen setzen und nicht zu verbissen an Dinge herangehen. Dabei helfen Meditationen, tiefe Atemzüge an der frischen Luft und vieles mehr, was Ihr persönliches „feeling good“ steigert.

5. *Werden Sie zum Nachrichtensprecher*

Wie schön sind Rollenspiele und kleine Theaterstücke, die nicht nur Kinder lieben! Wenn Sie schon etwas Übung darin gesammelt haben, andere Menschen zu überzeugen, können Sie einmal wie ein Nachrichtensprecher aktiv werden. Suchen Sie dabei immer wieder den Blickkontakt zu Ihren Mitmenschen und lesen Sie Informationen nicht einfach vom Blatt ab. Merken Sie, wie schwierig es ist, Seriosität, Menschlichkeit und andere Elemente miteinander zu verbinden?

6. *Üben Sie den aufrechten Gang mit den richtigen Schuhen*

Frauen laufen in Highheels meist sehr aufrecht und selbstbewusst. Schuhe sind mehr, viel mehr als „nur eins netten, modischen Accessoires!“ Sie können mit den richtigen Schuhen Ihre gesamte Körperhaltung und den Gang verbessern. Genau darauf kommt es an, wenn Sie Ihre Ausdrucksweise und Ihre komplette Erscheinung optimieren möchten.

7. Trainieren Sie Sätze, die Sie besonders schlagfertig machen!

Schlagfertigkeit ist ein wichtiges Thema, nicht nur für fortgeschrittene Redner. Denken Sie daran: Wer mit Humor und Gegenfragen kontert, der kann für unvergessliche Momente sorgen.

Bereiten Sie sich auf Themen vor, die Sie sicherlich nicht zum ersten mal hören. Die meisten Menschen konfrontieren sich immer wieder mit ähnlichen Sachverhalten, die sie schlagfertig machen sollten.

Exempel:

Freund von Richard: „Was, Du hast 6 Kinder? Wie kam das denn?"

Richard: „Durch Geschlechtsverkehr. Oder hat Deine Kinder der Storch vors Haus gelegt?"

Sie sehen an diesem Beispiel: Richard hat seinen Kinderreichtum sicherlich schon öfter gehört. Er hat also Zeit dazu, sich witzige und schlagfertige Sprüche zu diesem Thema zu überlegen.

Sie sehen anhand diesen 7 einfachen Strategien: Es ist nicht schwer, im täglichen Leben seine Ausdrucksweise zu optimieren.

10. Bonus 1– so entfliehen Sie der Komfortzone auf Dauer

„Mache das Beste aus dir, denn das ist alles, was du hast“

-Spruch von Ralph Waldo Emerson-

Die meisten Menschen haben Angst vor Veränderungen. Sie möchten Sie in einem für sie bequemen Umfeld bewegen, das ihnen Sicherheit gibt. Kommen sie dabei aber wirklich weiter oder blicken sie, wenn Sie sich nicht verändern, wirklich über den Tellerrand hinaus?

Denken Sie daran: Wer nachhaltig an seiner Persönlichkeit etwas zum eigenen Vorteil verändern möchte, muss neue Dinge wagen. Ihnen fällt es schwer, den inneren Schweinehund zu überwinden, um all Ihre Ressourcen zu nutzen?

Stellen Sie sich folgende Situation vor:

Eva möchte an Ihrem selbstsicheren Auftritt feilen und muss sich für eine Präsentation im Job vorbereiten. Hier ist es ihr Ziel, alles zu geben, was in ihr steckt und andere von ihrer Persönlichkeit zu überzeugen. Sie hat Angst und scheut sich vor den Trainings im Vorfeld.

Ihr weiser Ehemann motiviert sie und sagt eines Abends zu Eva: „Überlege Dir doch einmal, was Du schon alles geschafft hast. Als wir uns vor 15 Jahren kennengelernt haben, hast Du noch 18 Kilo mehr gewogen. Du liebtest Süßigkeiten und hast oft aus Frust viel zu viel Junk Food in Dich gestopft.

Irgendwann einmal sagte Dir der Arzt, dass es so nicht weitergehen kann und Du hast Dein Essverhalten komplett geändert.

Heute bist Du rank und schlank, isst viel Obst und Gemüse, ohne auf Genuss zu verzichten. Was Dir damals schwergefallen ist, hat sich heute ganz automatisch in Deinen Alltag integriert. So ist es auch, wenn Du Dich jetzt umstellst und Deinen gelungenen Auftritt mit mir gemeinsam übst."

Anhand dieses Falles sehen Sie: Aller Anfang fällt schwer. Denken auch Sie daran, was Sie in Ihrem Leben schon alles erfolgreich gemeistert haben. Konzentrieren Sie sich auf Ihre Stärken und lamentieren Sie nicht über Ihre Schwächen. Sagen Sie sich „Rom wurde auch nicht an einem Tag erschaffen" und üben Sie langsam, Ihren Ausdruck zu optimieren.

Nehmen Sie sich nicht zu viel vor und arbeiten Sie in kleinen Schritten

Diese Regel ist wichtig, um sich nicht selbst zu überfordern. Manchmal muss man sich schon dazu überwinden, um über den eigenen Tellerrand hinauszublicken. Doch das stolze Gefühl am Ende des Tages hilft Ihnen dabei, der Komfortzone zu entkommen. Hier hilft Ihnen folgender Vergleich aus der Welt des Sports:

Kennen Sie das? Sie joggen gerne, aber es ist nicht leicht, sich dreimal pro Woche bei jedem Wetter dazu zu motivieren. Eines Morgens denken Sie sich: „Das Wetter ist viel zu schlecht, dass ich joggen gehe. Ich mache es mir lieber zu Hause gemütlich, weil ich jetzt keine Lust auf Sport habe!" Wie fühlen Sie sich am Abend bei dieser Einstellung?

Nach dem Motto „und täglich grüßt das Murmeltier“ schildere ich Ihnen jetzt eine andere Denkweise zum gleichen Thema: Sie sagen sich: „Es gibt die richtige Kleidung für mieses Wetter. Ich gehe jetzt raus und freue mich über Regen, denn dieser erfrischt beim Sport!“

Wie fühlen Sie sich, wenn Sie von Ihrer Jogging-Tour nach Hause kehren und unter der Dusche stehen?

Sicher sind sie stolz wie Oskar, wenn Sie mit Disziplin an Ihrer Zielerreichung arbeiten. An dieses wunderbare Feeling sollten Sie immer denken, wenn es Ihnen schwerfällt, sich zu Aktionen zu überwinden, die Ihnen schwerfallen.

Verfolgen Sie kontinuierlich Ihr Ziel. Setzen Sie sich Teilziele, damit Sie Schritt für Schritt Ihre Visionen erreichen. Fleiß und Aktivität zahlen sich auf Dauer aus – immer!

„Denn was der Mensch sät, das wird er ernten"

- Galater 6,7 -

Fazit

Sie wissen jetzt, dass Sie Ihre Ausdrucksweise an jedem Tag Ihres Lebens verbessern können. Ausdruck hat nicht nur mit dem ersten Eindruck zu tun, den Sie bei Ihren Mitmenschen hinterlassen. Verbessern Sie Ihre charismatische Erscheinung, die im Gedächtnis bleibt, indem Sie Ihre Körpersprache bewusst einsetzen.

Vernachlässigen Sie niemals Ihre Kleidung, mit der Sie mit den passenden Farben und richtigen Schnitten ein Statement setzen. Kleider machen aus Leuten Persönlichkeiten, die man nicht so schnell vergisst.

Denken Sie daran, Ihre Schlagfertigkeit zu trainieren und auch rund um das Thema Small Talk alle Regeln zu beachten, die wichtig sind. Small Talk muss kurz und knapp sein – mehr nicht!

Jeder von uns kann an jeder Ecke des Lebens lernen, seine Kommunikationsfähigkeit zu verbessern. Arbeiten Sie mit Rollenspielen und denken Sie daran, sich Vorbilder zu suchen, die Sie aber nicht 1 zu 1 kopieren, damit Sie Eindruck hinterlassen.

Zu allerletzt möchte ich Ihnen noch folgende wichtige Erkenntnis an die Hand geben, damit Sie sich selbst kontinuierlich weiterentwickeln: Bleiben Sie sich selbst treu!

Die Menschen in Ihrer Umgebung spüren es schnell, ob Sie authentisch sind oder nicht. Sie müssen sich, egal, wie alt Sie sind, niemals verbiegen oder ein eine andere Rolle schlüpfen, um andere von sich (und sich selbst) zu überzeugen.

Welchen Mehrwert haben Sie, wenn Sie Ihre Ausdrucksweise optimieren?

Die meisten Menschen werden dann erfolgreicher und stärker als zuvor. Vor allem aber erweisen Sie sich selbst den größten Gefallen, wenn Sie Ihre Komfortzone verlassen: Sie werden stark, resilient und selbstbewusst!

Das hilft Ihnen dabei, Ihr persönliches Glück zu finden und Ihre Lebensqualität zu verbessern. Schon jetzt wünsche ich Ihnen bei alle Ihren Vorhaben: viele Freude und Erfolg. Sie schaffen alles, wenn Sie nur stark genug an sich und Ihre Fähigkeiten glauben. Glaube versetzt Berge. Denken Sie an das Beispiel von Petra aus der Einleitung: Sie hat es mit Bravour geschafft, den Traumjob zu ergattern.

Dadurch hat sich auch in ihrem privaten Umfeld Ihr Alltag verbessert. Sie gibt ihren Kids wichtige Tipps für den Schulalltag und kann mit Freunden über alles diskutieren, weil sie sich selbstbewusst und stark fühlt. Auch dann, wenn Ihnen nicht all Ihre Vorsätze sofort gelingen, sollten Sie niemals aufgeben.

Ein Spruch aus dem Asiatischen lautet „Aufgeben ist keine Option!"

Denken Sie daran, warum viele Kampfsportler so erfolgreich sind. Das liegt am Training und an eiserner Disziplin. Wetten auch Sie werden über sich hinauswachsen, wenn Sie kontinuierlich Ihre Ziele verfolgen und die für Sie wichtigsten Tipps aus diesem Buch schon jetzt ausprobieren?

Denken Sie an die 72-Stunden-Regel: Probieren Sie die nächsten Tage alles aus, was Ihnen jetzt, in diesem Augenblick, am besten gefällt. Das hilft

Ihnen, die Komfortzone zu verlassen. Entwickeln Sie Ihre Persönlichkeit. Verbessern Sie Ihre Ausdrucksweise. Was spricht dagegen, gleich jetzt ins Tun zu kommen? Bei all Ihren Vorhaben wünsche ich Ihnen von Herzen: viel Power und Erfolg!

Mit einem schönen Zitat von Joseph Beuys ermutige ich Sie zur Anregung der eigenen Phantasie:

„Die einzige revolutionäre Kraft ist die Kraft der menschlichen Kreativität!“

Bonus 2: Wortschatz wirkungsvoll erweitern

In diesem abschließenden Kapitel gebe ich Ihnen sogenannte Magic Words an die Hand.

Benutzen Sie diese magischen Wörter in Ihren Reden oder Gesprächen, werden Sie als intelligent und ausdrucksstark wahrgenommen.

Streuen Sie das ein oder andere Wort in ihren alltäglichen Wortschatz aktiv mit ein, gelten Sie als frisch und eloquent.

Nehmen Sie sich jeden Tag ein Wort vor. Bei der passenden Gelegenheit verwenden Sie dieses Wort aktiv in Ihren normalen Gesprächssituationen.

Magische Adjektive

Wortgruppe „Viel“

- Beträchtlich
- Enorm
- Gewaltig
- Massiv
- Kolossal
- Gravierend
- Überwältigend
- Stark
- Spürbar
- Wirkungsvoll
- Unfassbar
- Sensationell
- Reich

Beispiel: Unsere Verkäufe sind beträchtlich gestiegen.

Wortgruppe „Einzigartig“

- Erstaunlich
- Verblüffend
- Auffallend
- Außergewöhnlich
- Atemberaubend
- Selten
- Außerordentlich

Beispiel: Die Untersuchung erbrachte erstaunliche Ergebnisse. Auffallend waren vor allem Testpersonen B.

Wortgruppe „Begehrenswert“

- Angenehm
- Anregend
- Anziehend
- Aphrodisierend
- Attraktiv
- Aufreizend
- Begeisternd
- Berauschend
- Bewundernswert
- Charismatisch
- Dynamisch
- Erfrischend
- Faszinierend
- Fabelhaft
- Gigantisch
- Imponierend
- Intensiv
- Kraftvoll
- Lebendig

- Packend
- Verblüffend

Beispiel: Wir benötigen mehr Verkäufer, die begeisternd und erfrischend unsere Produkte präsentieren.

Wortgruppe „Sicherheit“

- Garantiert
- Nachgewiesen
- Bewährt
- Offiziell
- Amtlich
- Gesichert
- Begründet

Beispiel: Wir sollten auf unsere bewährten Methoden vertrauen.

Sonstige magische Wörter:

- Geheimnis
- Wunder
- Phänomen
- Besonderheit
- Wahrheit
- Herausforderung
- Debüt
- Erfolg
- Gründe
- Ideen
- Intrigen
- Wege
- Hacks
- Abenteuer
- Tricks
- Überraschung

- Rätsel
- Mysterium
- Struktur
- Konzept
- Entwicklung
- Schöpfung
- Ambivalent
- Spannung
- Paradox
- Grotesk
- Zwiegespalten
- Wirkung
- Substanz
- Vorteil
- Qualität
- Bestimmung
- Güteklasse
- Niveau
- Funktionalität
- Talent
- Meisterschaft
- Kunstfertigkeit
- Bravourleistung
- Virtuosität
- Championat
- Machenschaften
- Arglist
- Finessen
- Aufbruch
- Trend
- Tendenz

Eine Bitte von der Autorin:

Wie hat Ihnen dieser Ratgeber gefallen? Lassen Sie es mich wissen und helfen Sie weiteren möglichen Leserinnen und Leser mit einer Rezension auf Amazon. Hier können Sie mein Buch bewerten:

https://amzn.to/3fxQ0fr

Haftungsausschluss

Die Umsetzung aller enthaltenen Informationen, Anleitungen und Strategien dieses Buchs erfolgt auf eigenes Risiko. Für etwaige Schäden jeglicher Art kann der Autor aus keinem Rechtsgrund eine Haftung übernehmen. Für Schäden materieller oder ideeller Art, die durch die Nutzung oder Nichtnutzung der Informationen bzw. durch die Nutzung fehlerhafter und/oder unvollständiger Informationen verursacht wurden, sind Haftungsansprüche gegen den Autor grundsätzlich ausgeschlossen. Ausgeschlossen sind daher auch jegliche Rechts- und Schadensersatzansprüche. Dieses Werk wurde mit größter Sorgfalt nach bestem Wissen und Gewissen erarbeitet und niedergeschrieben. Für die Aktualität, Vollständigkeit und Qualität der Informationen übernimmt der Autor jedoch keinerlei Gewähr. Auch können Druckfehler und Falschinformationen nicht vollständig ausgeschlossen werden. Für fehlerhafte Angaben vom Autor kann keine juristische Verantwortung sowie Haftung in irgendeiner Form übernommen werden.

Über den Autoren:

Die Autorin Anne-Elizabeth Herz, geboren 1980 in München, lebt mit Ihrem Ehemann in einer kleinen Stadt im Saarland.

Mit "Ausdrucksweise verbessern" bringt sie ihren Debütratgeber über die wertvollsten Rhetoriktipps heraus.

Mit Hilfe einfachster Übungen und verständlichen Strategien zeigt Herz Menschen Wege zu mehr Erfolg und Zufriedenheit in ihrem Leben durch eine verbesserte Ausdrucksweise auf.

Sie selbst war jahrelang im Finanzvertrieb tätig. Eine gute Rhetorik und eine angenehme Art zu Präsentieren waren die Geheimnisse Ihrer fabelhaften Karriere.

Seit 2018 ist Herz Coach im Bereich Rhetorik. Sie liebt es zu reisen und probiert sich in dem Erlernen verschiedenster Sprachen aus.

Urheberrecht

Impressum:

© Anne-Elizabeth Herz

c/o Autorenservices.de

Birkenallee 24

36037 Fulda

2021

1. Auflage

Printed in Poland
by Amazon Fulfillment
Poland Sp. z o.o., Wrocław

78605919R00058